가장 먼저 법적으로 안락사를 허용한 나라
네덜란드에서 전하는 완성된 삶에 관하여

동생이 안락사를 택했습니다

마르셀 랑어데이크
유동익 옮김

꾸리에

**Nederlands letterenfonds
dutch foundation
for literature**

The publisher gratefully acknowledges the support of the Dutch Foundation for Literature.
이 책은 네덜란드 문학 재단으로부터 제작비의 일부를 지원받았습니다.

일러두기

1. 한국어판 독자들의 이해를 돕기 위해 옮긴이 주(괄호)를 넣었다.
2. 외래어 표기는 일차적으로 국립국어원 표기법을 따랐지만 현재 더 널리 통용되는 표기는 예외적으로 그대로 사용했다.

차례

제1화 _011
제2화 _029
제3화 _049
제4화 _067
제5화 _081
제6화 _095
제7화 _101
제8화 _109
제9화 _121
제10화 _141
제11화 _157
제12화 _169
제13화 _175
제14화 _189
제15화 _193
제16화 _213
제17화 _219
옮긴이의 말_229

마르크에게 바침

이제는 사라져야 할 시간

이것이 나의 이별이라네

나는 여기에 머무를 수 없네

사람들을 바라보네

저들이 이해하기를 바라네

모든 것은 변한다는 것을

_더 슬로우 쇼(The Slow Show) 밴드의

"평범한 삶(Ordinary Lives)" 중에서

2016년 5월 13일

잠에서 깨어 누워 있다. 지금은 밤이고 통증이 몰려왔다. 구급차와 구조대원의 소리가 들린다. 나는 그 소리가 두렵다. 또 다시 구나! 하지만 나에게 오는 것은 아니다. 발작을 막으려고 맥주를 마신다. 너무 오래 마시지 않으면 온몸이 떨리기 시작하고 더욱 심한 통증이 몰려온다. 술은 나의 적이지만 나는 계속 마셔야만 한다. 이런 삶이 아주 오랫동안 지속되고 있다, 끝도 없이 오랫동안. 어떻게 해야 할까? 어디에도 갈 수가 없다. 몸은 바깥에 나갈 수 없을 정도로 망가져 있다. 겨우 슈퍼마켓에 갈 수는 있다. 살면서 이렇게 텔레비전을 많이 본 적이 없다. 달리 무엇을 해야 하지? 나는 더 이상 누구와도 연락하지 않고 있으며, 이 끔찍한 중독으로 인해 모든 것이 사라져 버렸다. "난 버러지야. 난 여기 어울리지 않아.(I'm a creep, I don't belong here. 라디오헤드의 "Creep" 중에서)" 나는 나 자신을 증오한다. 그런데도 아직 이 몸뚱어리는 계속해서 살아있다. 나는 다 끝났다. 더 이상은 살 수가 없다.

제 1 화

정확히 죽기 26일 전에 마르크는 사미를 처음으로 보았다. 나의 동생 마르크는 마흔한 살이었고 나의 딸 사미는 태어난 지 한 달 남짓 지났을 때였다. 둘 다에게 득이 될 게 없는 만남이었다. 마르크가 아파트를 함께 쓰는 남자에게 얻어맞은 직후라는 점과 사미가 아기라는 점을 고려하면 그렇게 생각하지 않을 수 없다. 아기들에게는 이루어지지 말았어야 할 만남, 곤란한 상황을 맞닥뜨리게 하고 싶지 않기 때문이다.

바로 그런 이유로 그 만남은 이루어지지 말았어야 했다.

나는 동생과 거의 6개월 동안 아무런 연락 없이 지내다 며칠 전에서야 연락이 닿았다.

동생이 문자를 보내왔다. 그동안의 "모든 불행이 지났으니" 나를 꼭 다시 만나고 싶다고 했다. 내가 아직도 화가 나 있고 자기를 다시 찾아오고 싶어 하지 않는다는 것을 이해한다고 했다.

나는 화가 나 있는 게 아니라 지금 상황에서는 어떤 것도 할 수 없다고 문자를 보냈다. 내 아내 까르레인은 임신 중이었기에 당시 우리는 소란스러운 일에 말려들고 싶지 않았다. 아기가 생겨서 더욱 바빠졌지만, 그래, 언제 한번 보자는 말에는 동의할 수 있었다. "너는 여전히 내 동생이고 언제나 동생으로 남을 거"라고 문자를 보냈다.

그렇듯 조심스러운 접촉이었지만 마르크에게는 상당히 중요했다. 그는 새로운 소식이 있다고 문자를 보냈다. 중요한 소식이라는 것이었다.

그러러니 생각했다. 동생에게는 언제나 새로운 소식이 있었다. 언제나 일상적으로 의논해야 할 일이 생겼다. 그 일은 나중에는 결국 아무것도 아닌 일로 밝혀졌었다. 허구와 망상이었다. 대체로 하찮은 소동과 푸념을 끼워 넣는 식이었다.

부모님과 여동생인 안젤라와 나는 8년이 지나고 나서야 무슨 일이 일어났는지 꽤 잘 알게 되었다. 내 동생이자 부모님의 자식은 알코올 중독자였다. 알코올 중독자는 거짓말을 한다. 그는 여전히 동생이었고 부모님의 자식이었지만 우리는 그사이 너무 많은 기대를 하면 안 된다는 것을 알게 되었다.

그래서 우리는 바털루광장(Waterlooplein, 암스테르담 중심지에 있는 광장) 모퉁이에 있는 동생이 사는 아파트에 갔을 때 별다른 기대를 하지 않았다. 하지만 누가 알겠는가. 그럼에도 좋은 일이 생길지. 늘 그런 이야기들을 듣지 않는가. 특히 RTL4 채널에서 방영되는 프로그램에서는 여전히 그런 이야기를 들을 수 있었다.

부모님과 나, 이렇게 우리 셋은 동생네 집에 갔다. 며칠 전에 다녀온 안젤라는 우리에게 동생과 직접 얘기를 나누어야 한다고 말했다. 정말로 새로운 소식이 있다고 안젤라가 말했을 때는 정말로 심각한 것이었다.

암스테르담 시내 중심지 4층에 있는 아파트는 매우 아담하면서도 깔끔해 보였다. 현관에는 휠체어가 놓여 있었다. 왼쪽에는 작은 발코니가 있었고 현관 바로 맞은편에는 작은 침실이, 오른쪽에는 거실과 주방이 있었다. 소파 몇 개와 텔레비전이 한 대 있었다. 그게 전부였다. 네 개의 창문은 열려 있어서 다른 아파트라든가 나무 꼭대기들, 또 저 아래에서 쇼핑하거나 테라스에 앉아 있는 사람들을 볼 수 있었다.

마르크가 이전에 살았던 집들보다는 훨씬 나았다. 노르드(Noord)와 바위텐펠더르트(Buitenveldert) 지역의 낡고 지저분한 아파트는 함께 사는 다른 남자들과 문제가 있었다. 마르크는 고양이와 개를 싫어한다는 사실에도 불구하고 종종 고양이나 개와 함께 살아야 했다. 사실상 모든 동물을 싫어했는데 그것은 가족의 특성이었다.

하지만 중독자인 데다 다른 사람들에게 의존해야 하는 처지라면 늘 하고 싶은 말을 다 할 수는 없는 법이다. 마르크가 지금 함께 살고 있는 남자는 어쨌든 반려동물은 데리고 있지 않았으며 언뜻 보기에도 무척 깔끔한 생활방식을 갖고 있는 것으로 보였다. 부모님은 다소 안심을 하는 것 같았다. 그간 부모님들은 더 안 좋은 상황에 익숙해져 있었다.

마르크는 샤워와 면도를 하고 머리에 젤을 발라 뾰쪽하게 세우고 있었다. 젤을 아주 많이 발랐는데, 열 살 무렵부터 쭉 그렇게 해오던 습관이었다. 과거에 젤은 투명한 녹색 용기나 노란색 용기에 담겨 있었다. 그사이 동생은 헤이마(HEMA) 잡화점에서 파는 성인용 젤로 바꾸었다.

동생에게서 상쾌한 향기가 풍겼다.

잘 걷지 못했다. 그랬다, 그는 걷는 것을 힘들어했다. 그래서 휠체어가 놓여 있던 것이었다. 마르크는 술병이 나서 위가 음식 대부분을 소화시킬 수 없다고 설명했다. 그래서 거의 먹지 않거나 먹어도 아주 조금이었다. 그것은 마르크의 몸에 악영향을 끼쳤다. 음식 섭취는 그렇게 서서히 중단됐다. 마르크는 마흔한 살이었지만 마치 노인처럼 움직였다. 다리를 질질 끌 듯 걸어 다녔는데, 심지어 그렇게 걷는 것조차도 잔뜩 힘을 줘야 하는 고통스러운 일이었다.

그렇더라도 마르크는 고통을 드러내지 않았다. 고통을 느낄 때 조금도 불평하지 않는 녀석이었다.

지난 몇 달 동안 함께 살았던 동거인은 집에 없었다. 그를 욥이라고 부르겠다. 욥은 경주용 자전거를 타러 나갔다고 했다. 마르크는 그 역시도 알코올 중독자이며 거기에 도박 중독까지 있다고 했지만 매일 자전거를 탄다고 했다.

우리는 마치 이해하는 척 고개를 끄덕였다. 그렇게 사는 걸 쉽게 상상할 수 있다는 듯 말이다. 우리는 최근 몇 년간 이미 여러 부류의 사람들을 보았다. 경주용 자전거를 타는 알코올 중독자? 훌륭하다! 안 될 이유가 무엇이겠는가.

우리는 서로 한동안 보지 못한 사람들이 그러는 것처럼 잠시 이런저런 잡담을 나누었다. 상당히 힘들었던 사미의 탄생에 관한 얘기도 꺼냈다. 그는 "늦었지만 다시 한번 축하해"라고 말했다. 날씨가 얼마나 좋은지에 관해, 또 엉터리라고 생각하는 텔레비전 프로그램에 관한 얘기도 나누었다. 그런 다음 사각형의 벽 안에 갇힌 무의미한 삶과 점점 더 악화되는 몸, 그리고 음주와 도박을 일삼으며 경주용 자전거를 타는 욥에 관하여 얘기했다.

우리는 아무것도 마시지 않았고 먹지도 않았다. 마르크는 지난 몇 년 내내 당연히 해야 하는 것에 통 관심이 없었다. 아무것도 대접하지 않았다. 아마 집에 내놓을 만한 게 아무것도 없었을 것이다. 그는 생존만 하고 있었다. 무엇을 해야겠다는 마음이 조금도 없었기에 커피와 쿠키 같은 것에는 전혀 신경을 쓰지 않았을 것이다.

나는 긴장하고 있는 데다 신경이 날카로워졌고 피곤했다. 단지 그 상황 때문만이 아니라 처음으로 아빠로서 지냈던 지난 몇 달간의 생활 때문이기도 했다. 밤에 여덟 시간의 수면이 필요한 남자인데 갓난아기가 있어서 그렇게 잘 수 없었다.

부모님은 분명 훨씬 더 비참한 기분이었을 것이다. 나는 부모님을 보면 울음이 터질 것 같았기에 부모님을 쳐다보지 않았다. 그렇다, 나는 그런 사람이다. 쉽게 우는 남자다. 죽어가는 동물에 관한 영화를 보거나 "스포르로스(Spoorloos, 네덜란드의 가족 상봉 프로그램)"의 한 장면을 보거나 로버트 텐 브링크(Robert ten Brink, 네덜란드의 방송 사회자)가 어려운 사람들을 찾아가 도와주는 장면이 화면에 비칠 때면 눈물을 흘린다. 특히 부모님이 슬픔에 잠긴 모습을 보면 눈물이 난다. 나는 부모님을 쳐다보지 않고도 그분들의 가슴이 얼마나 슬픈지 알 수 있다. 그래서 보지 않았다.

그럴 필요도 없었다. 지금 부모님이 마르크를 어떻게 바라보고 있는지 알고 있었다. 그분들의 마흔한 살 먹은 둘째 아들은 불안장애와 우울증이라는 정신적인 질병을 앓고 있는 데다 알코올 중독자가 되어 있었다. 언제나 잘 해왔던 아들이었다. 결혼하여 아들 둘을 낳았고 사업체를 운영했으며 사우나를 갖춘 큰 집도 있었고 매우 고가의 폭스바겐 자동차도 가졌었다. 여름휴가 때는 스키를 타러 가는 등 중산층의 여유로운 생활을 즐겼고, 뒷마당에는 고가의 물품들과 트램펄린도 갖추고 있었다.

그 모든 것이 사라졌다.

부모님 건너편 소파에는 유령 같은 아들이 앉아 있었다. 깡마른 남자, 갓 마흔을 넘겼지만 이미 다 살아버린 노쇠한 남자였다.

"왜 보자고 했니, 마르크?" 내가 말했다.
"충분히 살았기 때문이지, 형씨. 이제 그만 끝내려고."
부모님은 아무 말도 하지 않았다.

화가 치밀어 오르며 욕을 마구 퍼붓고 싶었지만 침착하게 말했다. "야, 이놈아, 그게 그렇게 쉽게 되냐."

"나도 알아. 거의 1년간 준비했는데 가능할 것 같아. 거의 다 됐어."

부모님은 여전히 아무 말도 하지 않았다. 나 또한 무슨 말을 해야 할지 몰랐다. 이런 일이 생길 줄은 꿈에도 몰랐다.

'도대체 뭐야'라는 생각이 들었다. 정신적인 문제와 수년간의 알코올 남용은 후폭풍을 남겼지만 그래도 대체로 아주 처참해 보이지는 않았다. 동생에게서는 상쾌한 냄새가 풍겨 나왔고 대화도 정상적으로 나누었으며 그동안 익숙했던 질질 끌면서 횡설수설하는 주정뱅이 특유의 말투도 없었다. 그런 사람은 죽을 이유가 없다고 나는 결론 내렸다.

그런 사람은 죽고 싶어 하지 않는다.

그것은 관심을 가져달라는 절규이다. 이러이러하니 관심을 가져달라는 절규. 확실하다.

마르크는 계속해서 얘기했다. 매우 침착했고 감정을 다스릴 줄 알았다. 거의 치료차 병상에 있는 사람 같았다. 어떻게 더는 바깥에 나가지 않게 되었는지에 관하여, 감옥에 갇힌 것 같은 느낌이 어떤 것인지에 관하여, 어떻게 입원과 의사들의 소견과

외부인들의 의견과 더불어 재활센터에 들락거리는 것을 끝내버렸는지에 관하여 이야기했다.

그간 할 만큼 했다고, 다 끝났다고 했다. 본인도 갖은 애를 써봤고, 모든 사람들이 애를 써봤지만 실패했다고 했다. 이 끔찍한 아파트에서 주정뱅이자 도박꾼이자 경주용 자전거를 타는 사내와 이렇게 사는 건 사는 게 아니라고 했다. 인조가죽으로 만든 땀에 젖은 소파를 몇 차례 툭툭 치면서 이 작은 소파 위에서 잠을 잔다고 했다. 밤마다 미지근한 맥주를 수중에 갖고 있다고 했다. 냉장고에 반 리터짜리 캔맥주들을 넣어두면 욥이 다 마셔버리기 때문이라고 했다.

마르크는 고통도 겪고 있었다. 그렇다, 아마 고통스러운 그 몇 년의 세월이 좋았을 리 없었을 것이다. 그는 그런 생활을 지속하고 있는 주변 사람들을 보아왔다. 그들은 죽음이 너무나 두렵기에 계속 부글부글 끓는 상태에서 살고 있는 것이라고 했다. 마지못해 사는 거라고 했다.

하루하루가 고통스럽고, 날마다 피곤하고 슬프고 온몸의 기운이 빠진 상태에서 날마다 맥주를 마신다고 했다. "더러운 오줌 같은 맥주." 그는 그런 생활을 원하지 않는다고 했다. 더 이상은 아니라고 했다.

나는 고개를 끄덕이며 이해하는 척했다.

마르크가 나에게 물었다. "우리 어렸을 때 께이스 삼촌 돌아가신 거 기억나?"

나는 기억하고 있었다. 께이스 삼촌은 멋진 남자였다. 오랫동안 여기저기서 열심히 요리사로 일하다가 렘브란트광장(Rembrandtplein)에 있는 지금은 없어진 브라우어쉐이븐(Brouwershaven) 레스토랑에 취직했다가 최종적으로 잔스(Zaans) 지역에 있는 한 양로원의 요리사가 되었다. 께이스 삼촌은 고된 삶을 살았고, 매력적인 새로운 여자를 만난 직후 췌장암 판정을 받았다. 그들은 삼촌이 죽기 직전에 서둘러 결혼했다. 나는 삼촌의 앙상해진 몸을 내 두 눈으로 보았다. 가엾은 께이스 삼촌.

"나는 그렇게 되고 싶지 않아. 그 고통을 겪으며 그렇게 기다리며 천천히 죽어가고 싶지 않아."

나는 여전히 고개를 끄덕이면서 생각했다. '너는 췌장암을 앓고 있지 않아, 마르크. 넌 알코올 중독자야. 술을 끊으면 나아질 수 있어. 왜 술을 끊지 않아, 이 자식아, 왜 끊지 않냐고?'

나는 아무 말도 하지 않았다.

부모님도 마찬가지였다. 그때까지 말이 없었다. 부모님으로서는 생을 마감할 거라고 말하는 아들이 큰일이었을 것이다. 부모로서 무슨 말을 할 수 있을까. 나라도 무슨 말을 할지 모를 것 같았다.

거리에서 누군가가 다른 누군가에게 "이 멍청한 새끼야"라고 큰 소리로 고함쳤다. 우리는 그 소리를 듣지 못하는 척했다.

마르크는 계속 말을 이어갔다.

"더 이상 식구들에게 짐이 되고 싶지 않아." 그가 말했다. "죽는 것 역시도."

나는 그 말이 내가 그때까지 들은 것 중에서 제일 멍청한 이유라고 생각했다. 가족에게 더는 짐이 되지 않기 위해 안락사를 감행하려고 하다니…….

그의 죽음은 우리의 삶을 더 힘들게만 만들 뿐이다. 적어도 부모님에게는 말이다. 자식을 잃은 이야기는 여러 잡지나 텔레비전에서 방영되는 슬픈 다큐멘터리에서 더러 볼 수 있다. 자식을 잃는다는 것, 그것은 최악이다. 생각도 할 수 없는 일이다. 절대 일어나서는 안 되는 일이다.

내가 말을 꺼내기 시작했다.

우리가 돕겠다고 했다. 지금만큼만 술을 마시지 않는다면 내가 매일 들르겠다고 했다. 휠체어에 태워 밖으로 데리고 나가겠다고 했다. 박물관에도 가고 공원에도 가고 카페에도 가겠다고 했다. 폭음하지 않고 정상적으로 말할 수 있는 한, "그래, 내가 진심으로 돕겠다"고 했다. 그럴 시간을 내겠다고 했다. 아기는 하루 대부분 잠을 자기에 가능할 터였다. "인마, 마르크, 이 자식아. 넌 아직 젊어. 정상적으로 좀 살아. 밖을 봐. 태양이 빛나잖아."

나는 거침없이 지껄였다. 지껄인다는 것을 알고 있었지만, 그럴 필요가 있겠다는 생각이 들었다. 이것이 사실이라면, 이것이 일어날 예정이라면, 이런 일이 일어나지 않도록 모든 것을 하고 싶었다. 지나간 8년은 우리 모두에게 불행했지만 죽는 것은 선택 사항이 아니었다. 그 어떤 것도 죽음보다는 나았다.

마르크는 내가 말을 마치도록 내버려 두었다. 그런 다음 말했다. "내 말 믿어줘. 이건 사는 게 아니야."

그는 자신을 이해하는 주치의 마레거 의사에 관해 이야기했다. 아름다운 눈동자를 가진 근사한 여자라고 했다. 다른 삶에서라면 그녀에게 연애하자고 청했을 거라고 했다. 연애, 그것은 좋은 말이었고 우리 모두는 그 말에 웃음을 터뜨렸다. 여하튼 마레거 의사는 자신을 이해한다고 했다. 그녀는 그가 단지 알코올 중독자가 아니라 배후에 더 많은 원인이 있다는 것을 알고 있었다. 그녀는 오랜 대화 끝에 "좋아요, 마르크, 해봅시다. 투여하기로 하죠"라고 말한 사람이었다.

그들은 그것을 "투여"라고 불렀다.

"그녀는 살인자야, 알아? 살인자라고." 마르크가 웃어대며 기침을 했다. 가래가 끓는 흡연자의 기침이었다.

나도 따라 웃었지만, 안락사는 쉽게 이루어지는 것이 아니란 걸 알고 있었다.

그럴 리가 없다. 최근에 모든 사람들이 안락사에 관하여 이야기하지만 그렇게 쉽게 이루어지는 일이 아니다. 나중에 구글에서 안락사에 관해 검색해봤다.

부모님은 마침내 이해한다고 했다. 안락사를 최악 중에서도 최악으로 끔찍한 일이라고 생각하지만 이해한다고 했다. 안젤라 역시 벌써 며칠 전에 이해한다고 했다. 그들은 지난 세월 동안 나보다 훨씬 더 가까이에 있으면서 심신이 쇠약해졌다. 전화기가 울릴 때마다 겁먹었다. 툭하면 전화기 너머로 마르크가 술에 취했다는 나쁜 소식이 들려오며 경찰이 오가고 병원을 들락거리곤 했다. 부모님과 안젤라는 여러 차례 마르크를 응급처치를 받게 하고 재활센터에 데리고 갔다. 그들은 바로 가까이에서 고통을 지켜보았다. 그들은 이해했다. 견딜 수 없이 꺼려졌겠지만, 그럼에도 받아들였다.

나는 이해하지 못했다. 도무지 이해가 되지 않았다. 내가 일부러 일을 어렵게 하려고 그런 것이 아니라 마르크의 문제가 명확해졌던 초기 몇 년 동안 멀리 떨어져 살았기 때문이다. 마르크가 암스테르담에서 산 지는 겨우 한두 해밖에 되지 않았고, 나는 10년 동안 그곳에서 살고 있었다. 그전에 마르크는 부모님과 여동생, 또 나머지 일가친척들과 마찬가지로 네덜란드 북부 지역에서 살았다. 더욱이 나는 여동생이 열두 살 때, 마르크가 열일곱 살 때 이미 집을 나왔다. 그래서 마르크와 안젤라는 더 많은 시간을 함께 보냈고 정도 더욱 돈독했다.

어쩌면 그런 이유로 그들은 그만큼 더 잘 이해하게 되었을 것이다.

나는 한동안 이해하지 못했다. 전혀 이해가 되지 않았다. 죽음은 해결책이 아니다. 죽음은 죽음이다. 모든 것의 끝이다. 죽음은 가능한 한 오래 기다려야 한다. 젠장할 죽음으로 얻을 수 있는 것은 아무것도 없다.

그런데도 나는 고개를 끄덕였다. 또다시 고개를 끄덕였다.

우리가 있는 곳에서 4층 아래의 암스테르담은 소란스러웠다. 술에 취한 관광객들의 소리, 아이들을 짐칸에 태우고 황급히 자전거를 몰고 가는 엄마들의 자전거 벨 소리, 끝없이 울리는 자전거 벨 소리, 자동차 소리, 고함 소리, 웃음소리, 흥겨운 소리가 거리를 채우는 봄날이었다. 나는 아기인 사미가 있는 집에 가고 싶었다. 동생의 안락사에 대하여 깊이 생각하고 싶지 않았다.

"상황을 보면서 결정하자, 마르크." 내가 말했다.

"새로운 소식이 있는 대로 알려줄게." 마르크가 말했다.

"그래." 부모님이 말했다. "우리 계속 연락하자, 애야. 앞으로 어떻게 진행될지 지켜보자."

우리는 서로 포옹을 하고 아파트를 나섰다. 우리는 울지 않았다.

밖에 나와서 나무 사이로 4층을 올려다보았다. 어머니는 언제나 우리가 손을 흔드는 것을 좋아했다. 손을 흔드는 게 중요하다고 여겼다. "언제 어디서 무슨 일이 일어날지 모르잖니. 최근에 특히 테러리스트들 때문에 참담한 일들이 일어난다는 얘기가 늘 들려. 그러니 서로에게 손을 더 잘 흔들어야 해."

마르크는 그곳에 있지 않았다.

주차장으로 가는 도중 부모님에게 이런 일은 있을 수 없다고 설명했다. 그럴 듯하게 꾸며낸 것일 수도 있고 관심을 바라는 절규일 수도 있다고 했다. 동생이 우리가 그리워서 그런 거라고. 그게 사리에 맞았다. 모두가 마르크를 버려서, 모두가 관계를 끝내서 그런 거라고.

마르크의 거짓말, 폭음, 재활센터에서 나오자마자 처음으로 하는 고정 코스가 맥주를 마시는 일, 숱한 이사, 헛소리, 불안을 감당할 수 없었다.

부모님과 안젤라와 내가 6개월 전에 마르크를 내버려 두기로 결정한 것은 이처럼 충분한 이유가 있었다. 우리는 그것으로 끝냈다. 더 이상 할 수 없다고 여겼다. 부모님조차도 할 만큼 했다고 여겼다. 물론 우리는 속으로는 믿고 기도하고 해결책에 대해 고민을 했다. 살다 보면 모든 게 다 해결될 수 있기 때문이었다. 아니면 적어도 많은 문제는 해결될 수 있다고 믿었다. 그사이에 의사들 실력 또한 많이 좋아지지 않겠는가?

우리는 차 안에서 서로 몇 차례 더 말했다. 더 많이 말할수록 더욱 그럴듯하게 들렸다. "안락사는 말처럼 쉽게 할 수 있는 게 아니에요. 관심을 끌려고 한 말일 거예요. 지켜보자고요. 잘 될 거예요. 그래, 마르크는 틀림없이 잘 이겨낼 거예요."

2016년 6월 18일

많은 일이 일어났었다. 말로 다 표현할 수 없을 정도로 많은 일이……. 어제 오후는 부모님과 무척 즐거운 시간을 가졌다. 여러 이야기를 나눴다. 좋았다. 주제는 개떡 같았지만, 그럼에도 불구하고 즐거운 시간을 보냈다. 우리는 마침내 "집"으로 돌아갔다. 그곳에서 술 취한 욥과 마주쳤다. 일상적인 지옥이 다시 시작되었다.

(……)

부모님과 작별 인사를 한 뒤에는 말을 한마디도 하지 않았지만 그것은 흔히 있는 일이었다. 욥은 와인을 다 마시자 내가 마시려고 놓아둔 맥주를 따려고 했다. 지옥문이 열리며 아수라장이 되었다. 그는 내 휴대전화를 손에서 빼앗아 4층 높이에서 창밖으로 던져버렸다! 그러더니 온 집안에서 나를 밀치며 현관까지 끌고 가서는 두들겨 팼다. 나는 방어할 기회조차 얻지 못했다. 열쇠도 빼앗기고 전화기도 없이 길 위에 서 있었다. 입고 있던 옷이 전부였다. 악마가 습격한 것이었다. 공포가 팽배했다. 나는 화가 머리끝까지 났지만 아무것도 할 수 없었다.

제 2 화

아파트에서 만난 지 11일이 지난 뒤, 마르크가 불쑥 우리 집으로 찾아와 소파에 앉아 있었다.

토요일이었다. 부모님이 어린 사미를 돌봐주러 와 있었다. 출산, 귀찮은 기저귀 갈기, 온도계, 오줌, 똥, 모유 수유 등으로 힘든 나날을 보내고 있던 우리 부부는 하루 저녁이라도 둘만의 시간을 보내려고 작정한 터였다. 모유를 젖병에 받아놓았기 때문에 까르레인이 술을 마실 수 있어서 한 잔할 계획이었다. 맛 좋고 비싼 음식을 먹고 맛 좋고 비싼 술을 마시고 싶었다. 그리고 정확히 열한 시에는 집에 돌아와야 했다. 그래야만 했다. 사미는 숙취를 배려해주지 않기 때문이었다.

"당신 동생이 소파에 앉아 있어." 우리가 기분 좋게 취해서 외투를 걸고 있을 때 까르레인이 속삭였다. 그녀가 하는 말을 알아듣지는 못했지만 집안이 조용하다고 느꼈다. 울고 있는 사미의 소리도, 대화를 나누는 부모님의 소리도, "RTL Late Night(RTL 채널에서 방영하는 토크쇼 프로그램)" 소리도, 아무 소리도 들리지 않았다.

마르크가 앉아 있는 모습을 보자 나는 술이 확 깼다. 마르크는 턱에 젖은 수건을 대고 죄지은 사람처럼 나를 쳐다보고 있었다. 마르크 옆에 앉아 있는 부모님이 다급히 하고 싶은 얘기가 있다는 듯 눈을 동그랗게 뜨고 있었다.

어머니가 말을 꺼냈다. "그 덜떨어진 놈이 글쎄 마르크를 아파트에서 쫓아냈다는구나. 두들겨 패고 짓밟고 전화기까지 내던져 박살냈다지 뭐니."

어머니가 계속 말했다. 어머니의 목소리는 치밀어 오르는 분노로 가늘게 떨고 있었다. 아버지도 거들었다. 마르크는 간혹 신음소리를 냈다. 부모님은 "달리 대책이 없기에" 마르크를 우리 집으로 데려온 경찰과 "그 나쁜 놈"과 이제 어떻게 해야 할지에 대해 계속해서 이야기하고 또 이야기했다.

그러는 동안 까르레인도 화가 나 있었다. 그녀는 욥이 어떤 사람인지 알지 못했기 때문에 욥에게 화가 난 것이 아니라 지금 이 상황에 화가 나 있었다.

그녀는 어떤 말도 하지 않았지만 온갖 정황에 대해 생각하고 있다는 것을 알 수 있었다. '왜 하필 우리 집이야? 왜 우리 집으로 데리고 온 거냐고? 우리에게는 이제 태어난 지 갓 한 달밖에 안 된 아이가 있는데. 이럴 수는 없어. 지금은 아니야.' 그녀는 나와 똑같이 안락사할 것이라는 말을 믿지 않았으며, 지금은 그런 생각을 할 겨를도 없었다. '또다시 이러면 어쩌란 말이야.'

몇 년 전 마르크가 재활센터에서 막 퇴원하여 한 달 동안 우리 집에서 산 적이 있었는데 정말이지 힘들었다. 그랬다, 별일 없이 잘 돌아가는 것처럼 보였다. 어느 날 밤 우리가 직장에서 집으로 돌아와 부엌이 온통 라자냐로 뒤범벅되어 있는 것을 발견하기 전까지는 말이다. 마르크는 "따뜻하게 맞아준 게 고마워서 특별히 우리를 위해 요리를 했다"고 했다. 그는 두 발로 서 있는 것조차 힘들었으며 술 냄새가 진동하고 있었다. 그리고 우리가 그것에 대해 지적하자 짐을 싸서 나가버렸다.

까르레인은 또다시 그런 일을 겪고 싶지 않았다. 갓 태어난 아기가 있는 상황에서는 더군다나 그랬다. 그곳에 갓 태어난 아기가 있었다. 사미, 우리 아기 사미가.

'지금은 안 돼. 마르크, 제발, 지금은 안 된다고.'

까르레인은 "빌어먹을!"이라고 하더니 사미에게 젖병을 물리러 갔다.

앞뒤 생각하지 않고 별다른 감정 없이 내뱉은 말이었.

모두들 꺼림칙한 기분이었다.

마르크는 조심스럽게 주필레(Jupiler) 맥주를 마셨다. 나도 같이 한 병을 마셨다. 그는 팔꿈치를 무릎에 얹고 있었고 입꼬리는 아래로 축 처져 있다. 낙담한 모습이었다.

우리는 곰곰이 생각에 빠졌지만 내 생각은 주로 분노한 까르레인과 어린 사미에 관한 것이었다.

'여기서 자려는 걸까?'

'얼마나 오래?'

'그런 다음에는?'

저번에도 극적인 사건으로 끝을 맺은 데다가 그동안 그의 상황이 개선되었다는 생각이 들지 않았다. 오히려 정반대였다.

마르크가 잠시 소변보러 간 사이 부모님을 좀 진정시키려고 애썼다. 마르크가 하는 말을 모두 믿으면 안 된다고 했다. 알코올 중독자들은 거짓말을 하는데, 좌우간 부모님도 그건 잘 알고 있지 않느냐, 게다가 마르크는 거짓말을 즐기기까지 하고 있다고 했다. 부모님은 최근 몇 년 동안 마르크가 우리에게 늘어놓은 이야기들이 거창하고 허황되고 사실이 아니라는 것을 알고 있었다. 에디 터스탈(Eddy Terstall, 네덜란드의 영화감독)의 영화에 출연할 거라고도 했고, 여러 배우와 친분이 있으며 또 한 유명한 여자 가수와는 사귀었다고도 했다. 사진 아카데미에서는 제일 뛰어난 재능을 지닌 사진작가라는 얘기를 듣는다고도 했다. 거짓말은 한없이 계속되었다. 나는 그사이 아무것도 믿지 않게 되었다. 마르크를 집에서 두들겨 패고 쫓아낸 알코올 중독자에 경주용 자전거를 타는 읍에 관한 지금 이 이야기도 나는 가감해서 듣는다.

젖은 수건은 그냥 젖은 수건일 뿐, 멍든 자국이라든가 터진 입술이라든가 찰과상이라든가 싸운 흔적 같은 것을 하나도 보지 못했다. 한때는 동생이었던 남자, 그리고 이제는 속수무책으로 갈 곳을 잃은 채 주필레 맥주를 들이켜고 있는 남자를 보고 있을 뿐이었다. 그는 눈에 눈물이 고인 채 어눌하게 주절거리고 있었다.

갑자기 피곤이 확 몰려왔다.

최근 인기 있는 레스토랑에서 하나도 이해할 수 없는 독일산 와인 목록에서 기이한 명칭의 와인을 마신 때문인지 아드레날린이 솟구쳤다. 정말 좋은 와인이었다.

잠을 자고 싶었다. 딸의—이런, 나에겐 딸이 있다—뺨에 입을 맞추고 아내를 안심시키고 잠을 자고 나서는 다음날 '아버지의 날(6월 셋째 주 일요일)'을 축하하고 싶었다. '아버지의 날'에 특별한 관심을 갖는 것은 아니었지만 내가 아빠가 되어 처음 맞는 날이기에 좀 특별하지 않을까? 어쨌든 적어도 그날만큼은 알코올 중독 문제를 가진 동생과 함께 보내고 싶지 않았다.

한 시 반이 되어서 우리는 자러 갔다. 달리 어쩔 수 없었다. 마르크는 소파에 누웠고, 부모님은 그 옆에 4분 이내에 부풀어 오르는 공기침대에 누웠다. 최근에 산 것이었다. 재미있고 미래지향적인 침대였지만, 정작 그 위에서 잠을 자면 별로 재미있지도 않고 미래지향적이지도 않았다.

"아주 좋구나." 아버지가 뭔가 긍정적인 말을 꺼내려고 한 말이었다. 내일 감당해야 할 엄청난 문제로부터 관심을 돌리기 위한 말이었다.

우리는 괜찮아질 거라고, 내일은 내일의 태양이 뜰 거라고 말했다.

내 기분은 엉망진창이었다.

독일산 와인 덕분에 나는 곧바로 잠에 곯아떨어졌다. 하지만 여섯 시쯤 누군가 화장실을 가는 바람에 잠에서 깼다. 문이 열리고 닫히는 소리가 계속해서 들렸다. 중얼거리는 소리도 들렸다.

거실로 나가고 싶지 않았다. 오늘을 시작하고 싶지 않았다.

그러나 어쨌든 오늘은 시작되었다.

마르크는 여전히 소파에 누워 있었으며, 어머니는 그 옆에 앉아서 양동이를 들고 있었다. 멋대가리 없는 푸른색 청소용 양동이였다. 아버지는 또 다른 의자에 앉아 있었다. 마르크는 옆으로 누워 신음하고 있었다. 몸은 덜덜 떨고 있었다. 때때로 양동이 쪽으로 고개를 숙여 끈적끈적한 점액을 뱉어냈다.

"마르크가 발작을 일으켰어." 아버지가 침착하게 말했다. "한참 됐어." 아버지는 심지어 당황한 것처럼 보이지도 않았다. 전에도 보았던 게 틀림없었다. 어머니는 땀에 젖은 마르크의 머리를 쓰다듬고 있었다. 어머니도 침착해 보이기는 했지만 슬픔이 마치 자욱한 안개처럼 거실에 드리워져 있었다.

'아버지의 날'이었다. 나는 잠시 마르크의 아들들에 대해 생각했다. 그 아이들은 지난 수년간 아버지 없이 지냈다. 한 번도 나타난 적이 없는 아버지였다.

발작은 나아지지 않았다. 심지어 더 격렬해졌다. 나는 어떻게 해야 할지 전혀 몰랐고, 아무도 뭘 해야 할지 몰랐다. 마르크는 잠깐잠깐씩 통증이 멈추는 사이에 좀 있으면 저절로 괜찮아질 거라고 웅얼거렸다. 그러면서 거의 매일 발작을 일으킨다고 했다. 우리는 인내심을 가져야 했다, 인내심을. 발작은 저절로 지나갈 테니까.

까르레인은 아직도 화가 난 상태였고 앞으로 어쩔 셈인지 물었지만 아무도 계획이란 것을 갖고 있지 않았다. 우리는 무언가 잘못 돌아가고 있다는 것과 내가 동생을 문밖에 내놓아선 안 된

다는 것을 알고 있었다. '무슨 일이 일어날지도 몰라. 그렇지만 그 다음에는 어떻게 하지?'

"큰일이네." 내가 말했다. 몇 번째인지 모를 정도로 내 입에서 나오는 대책 없는 말이었다. 마치 그 말을 몇 번이나 하나 기록을 세우는 것 같았다.

나는 왜 그런 상황에서 그렇게 형편없을까?

이런 끔찍한 상황을 잘 처리하는 사람도 있는데, 왜 나는 그런 사람 중 한 사람이 아닐까? 왜 나는 그토록 무능한 아들이고 형일까?

마르크는 신음하며 몇 번째인지 셀 수 없을 만큼 구토했다. 점액 외에 더 나오는 것은 없었다. 나는 마르크 옆으로 가 앉아 손을 그의 등에 얹었다. 온기가 느껴졌다.

우리는 안젤라에게 전화했다. 안젤라는 언제나 아주 침착하고 차분했으며, 게다가 의료계에서 근무했다. 그녀는 여러 상황에 대해 알고 있었다. 이런 끔찍한 종류의 일에 능숙했다.

"내가 구급차를 부를게. 상황이 좋지 않아." 그녀가 말했다.

"사이렌을 울릴 필요는 없어." 내가 말했다.

그날은 일요일이었기에 사람들이 늦게까지 잠을 자고 있었으며 '아버지의 날'인 데다 생명을 위협할 정도로 보이지는 않았다. 마르크가 오늘 죽지는 않을 것 같았기에 굳이 사이렌을 울릴 필요는 없어 보였던 것이다.

여동생도 내가 옳다고 여겼다.

구급대원들은 친절하고 매우 침착해서 구급차 대원으로서 훌륭한 자질을 지닌 것 같았다. 둘 다 암스테르담 말투를 쓰고 있었지만 그렇다고 크게 심하지는 않았다.

"어떻게 된 일인지 말씀해 주세요." 직위가 높아 보이는 대원이 말했다.

아버지가 설명했고 어머니도 마저 거들었으며 나도 이런저런 보충설명을 곁들였다. 저마다 말을 하다 보니 전체적으로 뒤죽박죽이었고 상당히 장황했지만 그렇다고 틀린 설명은 아니었기에 결국엔 무슨 일이 있었는지 이해했다. 그들은 "정맥에 주삿바늘을 한 대" 찌르더니 "수액"을 주입했다.

"구역질이 안 나오게 해줄 거예요."

"그럼 이제 잠시 경과를 차분히 지켜보기로 하겠습니다."

우리는 차분하게 기다리며 무슨 일이 일어날지 지켜봤다. 우리 가족은 구급대원들에 대한 존경심을 갖고 있었다.

상급자가 말했다. "이야, 선생님, 아주 멋진 곳에 사는군요."

"네, 감사합니다. 우리 집이 아니라 임대입니다." 내가 말했다.

"그래도 집이 아주 좋은데요."

우리가 월세를 얼마나 내는지 안다면 그는 아마 덜 열광했을 것이다.

우리는 다시 기다렸다. 별로 어색하지는 않았다.

아버지는 마르크가 안락사하려 한다고 했다. 마치 지난 밤 사건으로 인해 안락사가 갑자기 기정사실이 된 것처럼 말이다.

"이런." 구급대원이 말했다. "요즘은 그럴 수도 있지요."

"정말 큰 용기를 내었군요." 상급자가 마르크에게 말했다.

마르크는 아까보다 덜 떨었고 신음소리도 줄었다. 눈빛이 다시 살아나는 것처럼 보이며 고개를 끄덕였다.

"구역질 나는 건 좀 줄어들었어요?" 상급자가 물었다.

"괜찮아졌어요." 마르크가 웅얼거렸다.

또 다른 구급대원은 마르크가 알코올 중독자라면 알코올 중독자들은 계속해서 술을 마셔야 한다고 설명했다. 그렇지 않으면 몸이 격렬하게 반응하여 발작을 일으킨다는 것이었다. 그러면서 맥주가 있는지 물었다. 아니면 보드카가 더 낫다며 보드카가 있는지 물었다.

나는 보드카를 갖고 있었다. 게다가 아주 좋은 것이었다. 냉장고로 걸어갔다.

아침 열 시에 나는 보드카를 따랐다. 만일의 경우에 대비하여

석 잔을 따랐다. 부모님과 함께 뒤풀이라도 온 것 같은 느낌이었다.

유리잔을 마르크에게 건넸다. 마치 건강한 여자 요가 강사들이 꿀이 들어간 생강차를 손으로 단단히 쥐고 있는 것처럼 마르크는 잔을 꽉 쥐었다. 그리고는 조심스럽게 한 모금 마셨다. 그런 다음에는 한 모금을 꿀꺽 들이켰다. 마룻바닥을 내려다보는 그의 모습에서 나는 그가 수치스러워한다는 것을 알 수 있었다.

"인마, 한번에 너무 많이 마시지 마."

마르크는 고개를 끄덕이더니 또 한 모금을 마셨다. 그리고 또 한 모금을 마셨다. 그다음에 또 한 모금을 마셨다. 잔은 몇 분 사이에 모두 비었다. 그사이 마르크는 거실에 있던 다른 사람들보다 더 좋아 보였다.

"자, 그럼, 우리는 가보겠습니다." 구급대원들이 말했다. 자신들은 마르크를 병원에 데려가서 입원시킬 수는 있지만, 데려가더라도 검사만 받을 것이고 의사들이 달리 해줄 수 있는 게 없다고 판단하면—실제로 그렇듯—다시 거리로 돌아올 거라고 설명했다. 그러니 그렇게 하는 건 정말 좋지 않을 거라며, 우리에게 무슨 말인지 알아듣겠냐고 물었다.

우리는 충분히 알아들었다는 표시로 고개를 끄덕였다. 나는 생각했다. '그럼 이제 어떻게 하지?'

"더 이상은 입원하고 싶지 않아." 마르크는 다른 사람에게 말한다기보다는 본인에게 말한다는 듯 내뱉었다. "아무 소용 없어."

구급대원들은 우리에게 성공하기를 바란다며 갖고 온 용품들을 꾸린 뒤 마르크와 악수하며 말했다. "기운 내고 용기를 가지세요."

아침이 지나면서 '계획'이 만들어졌다. 마르크의 전 아파트 동거인에게 짐을 되돌려 받으려고 연락을 취하는 것이었다. 짐은 많지 않다고 했다. 10여 회 이사하고 수도 없이 입원을 한 후 남아 있는 것은 소지품 정도라고 했다. 컴퓨터, 태블릿, 전축, 기타, 옷 몇 벌, 카메라 두 대, 책들, 시디들, 엘피판들이었다. 그것이 버릴 것을 제외하고는 살면서 갖고 있던 전부였다. 나에게는 아무 의미 없이 하찮아 보이는 것들이었다. 나는 보관하는 것을 좋아하지 않기 때문이지만 마르크에게는 대단히 소중한 것들이라고 했다. 10년 동안 모든 것을 잃고 남아 있는 마지막 물건들이었다.

그래서 우리는 욥에게 연락을 취하려고 했다.

여러 번 연락했지만 욥은 전화를 받지 않았다.

분명 자전거를 타고 있을 것 같았다.

그사이 오후가 되었다. 까르레인은 더욱 불만이 커져갔고, 사미와 나, 우리의 새로운 가정에 주력하고 싶어 했다. '아버지의 날'

에 걸맞는 촌스러운 행사를 치르고 싶었는데 그 모든 것이 수포로 돌아간다는 사실이 그녀를 화나게 했다. 그녀는 모든 것을 이해했고 이 몇 년의 세월이 흐르면서 상황의 심각성을 파악하긴 했지만 화가 나는 건 어쩔 수 없었다. 하필 왜 지금, 왜 여기에서라는 감정이 지배적이었다.

마르크는 여전히 소파에 앉아 있었다. 달리 무엇을 할 수 있겠는가? 더 이상 몸을 덜덜 떨지는 않았다. 술을 마셨기 때문이었다. 주필레 맥주 한 상자를 모두 비웠지만, 나에게는 아직 헤르토그 얀(Hertog Jan) 맥주 한 상자와 보드카가 남아 있었다. 마르크는 그때는 취한 상태는 아니었다. 알코올은 그를 지탱시켜주었다. 쾌락에 취하거나 고주망태가 되거나 무감각해지려고 마신 것이 아니었다. 필요했기 때문에 마신 것이었다.

그는 말도 역시 정상적으로 했으나 "그 나쁜 놈"에게 분개하고 있었다. 부모님도 마찬가지였다. 오늘 가장 중요한 일은 사실은 그렇게 나쁜 놈이 아닐 수도 있는 그 나쁜 놈에게서 소지품을 모두 돌려받는 것이었다.

그러는 동안 내게 공포가 약간 엄습했다. 나는 화가 나서 호르몬을 분출하는 아내와 한 달 된 아기, 안절부절못하며 슬퍼하는 부모님, 스스로 사형선고를 내렸다고 말하는 여러 정신적 문제를 지닌 알코올 중독자 동생과 함께 앉아 있었다.

좋은 하루가 아니었다.

그리고 이 하루는 끝나지 않을 것 같았다. 부모님은 계속해서 읍에게 전화를 걸었으며, 마르크는 계속해서 술을 마셨으며, 아무도 끝을 맺지 못하고 있었다. 무슨 조치가 취해져야만 했다. 내가 생각할 수 있는 유일한 것은 밖에 나가는 것이었다. 사미와 까르레인과 나. 이렇게 셋이서 잠시 나가고 싶었다. 장을 보러 나가야겠다고 했다. 신선한 바람을 쐬고 싶었다. 부적절한 현실 도피일지라도 잠시 비극의 현장인 집을 떠나야 했다.

그것은 좋은 생각임이 밝혀졌다. 바깥은 훨씬 나았다. 극도로 피곤하고 긴장한 상태였지만, 태양이 빛나고 새들이 지저귀는 도시에 친근감이 들었으며, 사미는 최신 유행하는 유모차에서 잠을 잤다. 우리는 장을 보러 가지 않았다. 그럴 생각도 없었다. 트레퍼스(Treffers) 카페에 가서 앉았다. 바르셔스(Baarsjes) 동네에 몇 군데 안 되는 카페 중 하나로 노트북이 없이도, 또 턱수염을 멋들어지게 정리하지 않고도 편하게 커피를 마시며 앉아 있을 수 있는 곳이었다. 약간 시무룩해 보이는 주인이 맥주와 콜라를 가져왔다. 나는 7년째 금연하고 있었지만 담배를 피우고 싶었다.

우리는 카페 맞은편에 있는 꽃집을 물끄러미 쳐다보았다. 사람들은 즐겁게 꽃다발을 사며 배가 불룩하게 나온 주인과 잡담을 나누고 있었다. 진열대에는 "명예의 전당"처럼 과거에 그곳에서 꽃을 사간 네덜란드 유명인사들의 사진이 놓여 있었다. 주인은 그것을 좋아했다. 삶은 그렇게 계속되었고 보기 좋았다.

우리 옆에는 아들과 커다란 목소리로 통화하는 노신사가 앉아 있었다. 노신사는 아직도 아들을 "이 녀석아"라고 부르면서 예네이버(Jenever, 네덜란드 진)를 마셨다.

까르레인은 조금 전 일에 대해 미안하다며 호르몬 때문에 어쩔 수 없었다고 했다. 게다가 이런 상황을 감수할 수 있을지 확신할 수 없다고 했다. 나도 그렇다고 말했다. "있잖아, 그래도 내 동생이야, 내 동생." 그를 길거리로 내보낼 수는 없었다. 이미 지난 8년간 그를 보살피고 어느 곳에 있든 도움을 주고 여기저기 병원을 끌고 다니면서 입원시켰던 부모님과 함께 둘 수도 없었다. 마르크가 오늘 부모님과 함께 간다면 부모님은 평생 녀석의 뒤치다꺼리를 하면서 보내게 될 터였다. 정말로 안락사를 감행하지는 않을 것이기 때문이다. 나는 구글에서 안락사를 검색했다. 인터넷에서는 모두들 "그렇게 쉽게 할 수 없다"라고 했다.

나는 맥주를 한 잔 더 마셨다. 사미는 계속 잠을 잤고, 노신사는 계속 아들과 통화했고, 사람들은 계속 꽃다발을 사 갔다.

"집에 가고 싶지 않아." 까르레인이 우울한 목소리로 말했다.

나도 마찬가지였다.

모든 것에서 벗어나 몇 달 전처럼 태국으로 가고 싶었다. 우리 둘만이 가졌던 마지막 휴가였다. 마사지, 그린커리(태국식 커리의 일종), 싱하 맥주, 태양, 바다를 즐기는 것 외에 다른 아무것도 하지 않았었다.

다시 담배가 피우고 싶어졌다.

두 시간 후 집으로 왔다. 집 안은 조리대 위에 반절은 비어있는 감자튀김 봉지가 놓여 있는 것 이외에는 변한 게 없었다. 아버지는 아직도 읍과 연락이 닿지 않았다고 했다. 부모님도 더 이상 어떻게 해야 할지 알지 못했다. 마르크를 집으로 데려가는 것 말고는 다른 방법이 없었다.

나는 안심이 되면서도 곧장 그 사실에 화가 났다.

"그럴 수는 없어요." 필요 이상으로 큰 소리를 내며 말했다. "두 분은 감당할 수 없어요. 이건 정말 큰일이에요. 정말 큰일이란 말이에요."

부모님은 달리 뾰족한 수가 없다고 했다. 다른 선택이 뭐가 있을까?

안젤라에게는 아이가 셋 있고, 우리에게는 하나가 있다. 마르크는 갈 곳이 어디에도 없었으며, 아무도 그를 더는 원하지 않았다. 그 방법밖에는 없었다.

마르크는 고개를 끄덕이며 아무 말도 하지 않고 애처롭게 쳐다보았다. 비어있는 헤르토그 얀 맥주병 여섯 개가 그의 발치에 놓여 있었다.

까르레인은 "백문이 불여일견"이라는 태도로 사미를 안고 침실로 들어가 버렸다.

그렇게 기분이 안 좋은 적은 아주 오랜만이었다.

"우리 간다." 어머니가 말했다.

"자동차 가져올게." 아버지가 말했다. 아버지는 늘 '오펠 코르사(독일산 자동차 이름)'를 자동차라고 부른다. 그렇게 부르면 마치 차가 덜 오펠스러운 것처럼 말이다. 아버지는 구식 단어를 쓰는 것을 좋아한다. 날씨는 일기, 침대는 침상, 차는 자동차라고 부르는 식이다.

"도와줄게." 일어서려고 하는 마르크에게 내가 말했다.

까르레인은 침실에 머물러 있었다. 사미에게 모유를 먹여야 했다. 이렇듯 아기를 키우는 일은 정말 번거로운 일이다.

마르크가 밖으로 나가는 동안 부축해줬다. 부서질 것처럼 연약하고 가볍게 느껴졌다. 발을 질질 끌며 걷는 동안 그는 아무 말도 하지 않았다.

우리는 어머니와 함께 아버지와 차를 기다렸다. 집 앞 광장은 조용했다.

아버지가 차를 몰고 왔다. 어머니는 뒷좌석에 앉았고 나는 마르크와 포옹을 했다. 우리는 포옹하는 것을 좋아하지 않았지만 며칠 전처럼 포옹해야겠다는 생각이 들었다. 마르크가 울기 시작했다. 내 목덜미에 눈물이 떨어지는 것을 느꼈다. 그는 "미안해, 미안해, 미안해"라고 했다. 나는 괜찮다고, 다 잘 될 거라고, 걱정할 필요가 전혀 없다고, 함께 헤쳐나가자고, 다시 몸이 나아질 거라고 말했다. 수치스러워할 필요가 없다고, 너는 내 동생이라고, 우리는 가족이라고, 가족은 이 시련보다 더 강하다고 했다.

나는 다시 떠들어댄 것이었다.

마르크는 아무 말도 하지 않았다.

천천히 차 안으로 들어간 마르크는 갑자기 수십 년은 더 나이 들어 보였다.

아버지가 손을 흔들었고 어머니도 흔들었지만 마르크는 조금 앞을 바라보기만 했다. 나는 마르크에게 윙크를 했다. 황당한 제스처였다. 그는 옅게 미소를 지어 보이려 했다.

이 모든 일에도 불구하는 나는 다 잘 될 거라고 확신했다.

안락사는 쉽게 이루어질 수 있는 게 아니니까.

2016년 6월 25일

어느 정도 서서히 회복되고 있다. 가정방문 간호를 받고 있으며 부모님의 거실에 누워 있다. 이제는 그야말로 다른 사람들에게 의존하고 있다. 이것은 결코 내가 원하던 것이 아니다. 특히 엄마와 아빠에게는.

하지만 평온하다!

(······)

우리는 다가올 일뿐만 아니라 지나간 일들에 대해서도 많은 이야기를 나누고 있다. 나는 이제 나에게 벌어진 일들에 대해 글로 적어 내려가는 대신 말로 할 수 있다. 내가 품고 살아야 했던 모든 비밀에 대해 말이다. 비밀이 너무나, 너무나 많다 보니 슬퍼졌다. 나는 왜 내 인생을 이토록 망가뜨렸을까, 왜 이렇게 되어야만 했을까, 도대체 나는 왜 존재했던 걸까? 41년을 살아오는 동안 무엇을 기여했을까?

(……)

더 이상 중요하지 않다. 아무리 이상하게 들릴지라도 나는 이제 죄책감이라든가 불행하다는 느낌 없이 오랫동안 바랐던 소원을 이룰 수 있게 되었다고 생각하며, 그러기를 바라고 있다. 나는 평온하게 휴식하고 싶다.

(……)

부모님과 주변 사람들이 고생한다. 나는 병자 같아 보이지는 않지만 내 머릿속은 완전히 병자다. 그동안 그런 깨달음을 얻게 되었다. 이렇게 오랫동안 안락사에 대해 골똘히 생각하는 것은 헛된 일이 아니다.

(……)

어떻게 이 지경까지 오게 되었을까? 이것은 내가 결코 대답

할 수 없는 질문이며, 또한 지상에서 사는 동안 결코 그 답을 얻지 못할 것이다. 나는 병을 앓고 있다.

(……)

그럼에도 유쾌한 대화를 나누기도 한다. 우리는 여전히 웃을 수 있으며, 내가 언제나 중요하다고 생각하는 것이 바로 웃음이다. 나는 웃음으로 나의 모든 불행과 정신적, 육체적 고통을 숨기고 있다는 것을 알고 있지만 무뚝뚝하고 우울한 입으로 힘없이 애처로운 말을 하는 것보다는 낫지 않은가.

(……)

나는 아주 오랫동안 죽음에 대해 생각해왔기에 죽음을 대하는 법을 잘 알고 있다. 그렇지만 동시에 감정적인 놈이라 타인의 죽음은 견딜 수 없다. 그런데도 죽음은 언제나 나를 매료시켰고 관심을 끌어왔다. 그래서 내가 스스로 나의 죽음을 준비하는 것이 그렇게 특별한 일은 아니다. 나는 죽음이 두렵지 않다. 올 테면 오라지!

제 3 화

마르크와 나는 자주 전화하지 않았다. 나는 전화하는 것을 좋아하지 않았으며 마르크는 더 좋아하지 않았다. 우리는 서로에게 그만큼 할 말이 많지도 않았다. 우리의 삶은 달랐다. 유사점을 찾기 어려웠다. 마르크는 모든 일이 잘못 돌아가기 전까지는 흠잡을 데 없는 사람으로, 비넥스(Vinex, 네덜란드의 교외 대규모 신규주택개발 정책으로 신도시에 해당) 지역에 부응하는 사람이었다. 뭐, 그런 지역, 좋다, 훌륭하다. 어쩌면 많은 사람들을 꿈에 젖게 할지 모르겠지만, 나는 오랫동안 그런 삶에 대해 저항해왔다. 속물적인 중산층의 삶, 나는 그렇게 살고 싶지 않았다. 속물적인 삶이란 멍청이들을 위한 것이었다.

어쩌면 스테인베이크(Steenwijk)에서 유년시절을 보냈기 때문이었을 수도 있고, 어쩌면 보호받으며 성장했기 때문이었을 수도 있고, 어쩌면 오나(Onna)거리에 있는 개신교 교회로 매주 걸어

갔기 때문이었을 수도 있고, 어쩌면 지척에 사는 삼촌들, 이모들, 할아버지들, 할머니들, 사촌동생들 때문이었을 수도 있고, 어쩌면 내가 단지 달랐기 때문이었을 수도 있다. 내가 더 잘났다거나 더 똑똑하다거나 더 세상을 보는 눈이 있어서가 아니라 단지 달랐기 때문이었을 수 있다. 하여간 나는 속물적인 중산층으로 살기 싫었다. 속물적인 인간들은 악마였기 때문이다.

지방에서 벗어나 대도시로 가고 싶었다. 어떤 곳이든 상관없이 대도시면 되었다. 어린 시절은 아무런 문제없이 애정을 듬뿍 받으며 정원에서 뛰어놀고 연못에서 수영하고 걱정 근심 없이 언제나 즐거웠지만 다른 무언가를 해야 할 때가 왔다. 어떤 더 큰 무언가를.

그렇더라도 속으로는 두려웠다. 아마 속물적이 되기 싫은 데다 동시에 다른 삶의 모든 것이 끔찍이도 무서웠기 때문일 것이다.

그럼에도 그곳을 떠나왔다. 무대에서 나는 주인공이 아니었다. 곧장 드넓은 세상으로 나가거나 그와 비슷한 데로 갈 필요가 없었다. 나는 플로오르지 데싱(Floortje Dessing, 여행 프로그램 진행자, 여행 작가)이 아니기 때문이었다. 스테인베이크보다 더 흥미진진한 곳으로 가고 싶다는 생각뿐이었다. 뉴욕이나 나이지리아는 아직 까마득히 멀었다.

그래서 오버라이슬(Overijssel)주의 뉴욕이라 불리는 즈볼라

(Zwolle)로 갔다. 지금은 밝고 활기찬 주도로 발전했지만 당시만 해도 제법 괜찮은 이탈리아 식당 하나와 학생들이 들락거리는 술집 몇 개가 있는 아주 따분한 마을이었다. 일요일이면 안심하고 대포를 쏠 수 있을 정도였고, 머리가 긴 피아니스트 얀 베인 (Jan Vayne)이 제일 유명한 주민이었다.

그다음에는 내가 떠난 후 다시 번창하기 시작한 도시인 아머스포르트(Amersfoort)로 갔다. 그리고 마침내 암스테르담이 그 뒤를 이었다. 최고의 장소이자 세상의 중심, 소돔과 고모라의 도시였다. 그랬다, 정말로 진짜 삶이 바로 그곳에 있었다.

우리 가족은 모두 실망의 눈초리로 쳐다보았다. 계속해서 이성관계를 바꾸었기 때문이다. 내가 '선수'라서가 아니라—나는 '선수'가 되기엔 너무 초라했다—때때로 이성관계에 문제를 겪었기 때문이다. 모두가 잘 아는 여러 이유에서였다. 인간적이지 않는 것은 나에게 이질적이었다.

그래서 당시에는 이사를 많이 다녔으며, 집을 단장하고 고치고 페인트칠을 하곤 했다. 우리 가족은 이따금 아무리 나를 돌연변이 보듯 쳐다보았을지라도 늘 도와주었다. 마르크도 마찬가지였는데, 손재주가 좋아서 도와주면 집이 근사해졌다. 그는 창고 가득 복잡한 기계와 날카로운 연장, 드라이버, 못, 플러그 등을 갖추고 있었다.

나는 그렇게 어지럽게 쌓여있는 것을 싫어했지만 마르크는 굉장히 좋아했다. 온 가족은 마르크가 그러한 것을 좋아하는 것을 좋아했다. 그는 살면서 숱하게 욕실과 부엌을 설비하고 문을 달았으며 화장실을 수리하고 담을 쌓고 조명을 설치하고 길에 포석을 깔았다. 돈은 필요 없다며 공짜로 했다. 그는 그때마다 "어이 형씨, 쓸데없는 짓하지 말고 맥주나 한 상자 가져와. 차사오(인도네시아 음식의 일종인 돼지고기구이) 한 접시 하고"라고 했다.

좋았던 시절이었다. 마르크가 허드렛일을 하러 왔던 그 시절은 몸은 지치긴 했지만 즐거웠다. 나는 손재주는 없었지만 철거작업이라든가 창틀 페인트칠 같은 것은 할 수 있었고 맥주와 차사오를 챙길 수도 있었다. 그중에서도 특히 마지막 것은 잘 챙겼다. 마르크는 나머지 일을 다 했다. 때로는 마찬가지로 손재주가 있는 부모님과 함께 일하기도 했다. 어떻든 그분들은 나보다는 손재주가 좋았다.

마르크와 내가 맥주를 마시는 것도 허드렛일의 일부였다. 저녁이 되면 우리는 술집으로 갔다. 완전히 녹초가 된 상태였지만 그것 또한 허드렛일의 일부였다. 어쨌든 자축해야 했다. 수없이 돌을 쌓고 천정에 지지대를 설치하고 바닥에 타일을 까는 고된 작업을 이겨낸 승리를 영광스럽게 기념하는 것이었다.

마르크는 술이 약했다. 우리는 그렇게 생각했다. 술집에 가면 맥주 두세 병 정도만 마셔도 거나하게 취했다. 그의 친구들과 나는 그 모습을 보고 자주 웃음이 터졌다. 마르크는 혀가 꼬인 채 말했기에 발음이 불분명했다. 툭하면 얼른 자리를 뜨거나 잠이 들었다. 맥주 두 병을 마시고 금세 취해버리는 게 우리는 가끔 이상하다고 생각했다. 지방 출신 젊은이는 확실히 술을 빨리 마시기도 하고 자주 마시기도 하는데 마르크는 예외적이었기 때문이다.

이제 죽음을 몇 주 앞두고 마르크는 자신이 자란 거실에서 술을 잘 처리할 수 있었다고 설명했다. 게다가 심지어 아주 잘 처리할 수 있었다고.

우리 가족과 친구, 지인, 동료들이 첫 번째 맥주병을 땄을 때 마르크는 이미 대여섯 병을 연달아 마신 후라는 것이었다. 아니면 이미 와인 한 병을 몰래 마신 뒤거나.

마르크가 이혼한 뒤 언제쯤인가 아버지는 마르크와 마르크의 전처가 살던 집의 사우나 시설을 철거하고 있었다. 집은 팔렸지만 사우나는 남아 있었으며 부모님이 갖고 싶어 했다. 아버지는 사우나 위에서 수백 개의 맥주병 뚜껑을 발견했다. 무려 수백 개나. 그 병뚜껑은 그가 "잠시 창고에 뭐 좀 가지러 가야 한다"며 되돌아갈 때 몰래 들여온 맥주에서 나온 것이었다.

문제가 있다는 것이 분명해지기 전 몇 년 동안 그는 일을 마친 뒤 툭하면 잠이 들곤 했다. 마르크가 피곤해한다고, 전처는 말했었다. 피곤했을 수도 있다.

그는 그때 한창 젊었지만 사업을 벌이고 있었으며 아내 또한 마찬가지였다. 그들은 자식들도 두었고 좋은 집과 가족, 고가의 물건들, 직업적 능력도 갖추고 있었다. 그 모든 것이 저절로 이루어진 것은 아니었다.

당시 마르크는 침실에 커튼을 치고 매트리스 밑에서 편한 시간에 숨겨두었던 와인을 한 병 꺼냈다고 했다. 그는 와인을 싹 다 비우고는 잠이 들었다. 술이 도움을 줬다고 했다. 그가 가졌던 정신적 고통과 두려움을 이겨내는데, 또 아무와도 나눌 수 없었던 우울한 감정을 이겨내는데, 그랬다, 술이 도움을 주었다고 했다. 술에 취하면 기분이 좋아졌고 그 후에 잠도 잘 왔다고 했다. 술이여, 영원하라. 그땐 그랬다고 했다.

우리는 알지 못했다. 아무도 몰랐다. 그의 아내나 친한 친구들도, 안젤라도, 부모님도 몰랐다.

나도 몰랐다. 하지만 나는 너무 멀리 떨어져 살았다. 그것은 나의 궁색한 변명일 것이다. 내가 더 가까이 살았다고 하더라도, 서로 더 자주 만났다고 하더라도, 알지 못했을 것이기 때문이다. 마르크와의 대화는 늘 주로 표면적인 이야기에 불과했다. 사랑이라든가 삶, 죽음, 또 정말로 중요한 문제들에 관해서는 대화를 나누지 않았다. 더욱이 알코올 중독자는 사기꾼이라고, 마르크는 이제 막 죽음을 앞두고 털어놓았다. 그리고 자신은 완벽한 사기꾼이라고 했다. 마르크는 수백 미터 떨어진 거리에서도 냄새를 풍기는 그런 전형적인 알코올 중독자가 아니었다. 그런 면이 이미 있다면 전형적인 알코올 중독자이다. 영화 속에서라든가 술집 같은 데서 그런 중독자를 볼 수 있을 것이다. 지저분한 옷을 입고 머리는 잔뜩 헝클어지고 얼굴에는 검은 얼룩이 묻어 있으며 손에는 싸구려 럼주를 들고 있는 사람. 비틀거리며 거리를 건너고 혼잣말을 중얼거리는 그런 사람. 알코올 중독자로 아주 노골적으로 정형화된 사람 말이다.

적어도 마르크는 그런 중독자는 아니었다. 자신을 잘 가꾸는 사람으로 맵시 있게 옷을 입고 비싼 향수를 뿌리고 매일 샤워를 했다. 그는 알코올 중독자라는 사실을 감추려고 온갖 방법을 동원했다. 수치스러웠기 때문이었다.

그는 이상적인 아들, 이상적인 사위, 완벽한 친구였다.

그는 아버지였고, 아들이었고, 성령이었다.

그는 아리 보움스마(Arie Boomsma, 네덜란드의 방송 프로그램 진행자이자 체육관 관장, 모델, 작가로 모든 것을 다 갖춘 남자의 대명사로 불린다)와 같은 육체미만 없을 뿐 또 하나의 아리 보움스마였다.

우리의 관계는 나쁘지 않았다. 남자들 사이에 흔히 있는 관계, 즉 서로 자주 만나지는 않더라도 다시 만나면 마지막으로 만났을 때의 상태 그대로 이어지는 그런 사이였다. 야단법석도 떨지 않고 허튼소리도 안 하는 그런 사이.

단점이라면 별로 깊이가 없기에 동생이 심리적 고통을 숨길 수 있었다는 것과 완전히 망가진 알코올 중독자가 되었다는 것을 나와 다른 사람이 아무도 눈치채지 못했다는 것이었다.

그러나 마르크는 여러 감정이라든가 의구심들, 여러 관계에 관하여 이야기하고 싶어 하지 않았다. 자기는 여자가 아니라고, 말하곤 했다. 보통 와인을 몇 잔 마신 뒤에 그쪽으로 대화를 시도하면 보통 때처럼 얘기하라고 투덜댔다.

그 후 몇 년 동안 그가 무엇을 질질 끌며 걸었는지 안다면 당연한 일이었다. 그의 빌어먹을 손수레는 우울증, 불안장애, 남모르는 음주 등 비극으로 가득 차 있었다. 만약 여러분이 다른 사람이 알아채지 못하게 하고 싶다면 입을 꾹 다물고 있어야 한다. 나는 그런 점에서 형편없다. 내가 첫 번째 결혼생활 동안—이미 말한 바와 같이 나는 인간적이지 않은 것에 이질적이다—가졌던 혼외 관계는 주로 입단속을 하지 못해서 알려졌다. 나와 외도를 한 문제의 그 여자는 그런 면에서 나보다 훨씬 나았다. 사실 그녀는 아이 두세 명이 있었으며, 아무것도 모르는 남편과 다른 지방으로 이사하여 그 이후로 행복하게 살고 있을 것이다. 그녀는 입단속을 잘하기 때문이다.

마르크 역시 그렇게 할 수 있었다. 우리는 표면적인 대화만 나누었기 때문이다. 그리고 그래도 괜찮았다. 내가 내 인생을 쫓아가느라 정신이 팔렸었기 때문이다.

아주 가끔 우리는 함께 도시를 방문하는 여행을 떠났다. 주말 휴가도 보냈다. 어떤 때는 둘이서, 어떤 때는 아버지와 다른 친구들과 함께였다. 네덜란드 내의 호젓한 방갈로 촌으로 가기도 했지만 때로는 바르셀로나와 파리에도 갔고 약 10년 전에는 어린 시절 꿈꿔왔던 곳인 뉴욕에도 갔었다.

그 여행은 실제로 불가능했었다. 마르크에게는 어린아이가 하나 있었고 둘째가 태어날 예정이었으며, 사업을 하느라 몹시 바쁘고 비용도 너무 비싼 데다 아내가 뒷일을 도맡아야 했다. 마르크는 진심으로 아내에게 고스란히 떠맡게 하고 싶지는 않았지만 모든 점이 뉴욕으로의 여행이 필요하다는 것을 보여주고 있었다. 내 생각에 마르크는 꿈이 많지 않았지만 뉴욕은 반드시 이루어져야 할 꿈이었다. 나는 또한 강요하기도 잘한다. 그래서 나는 저렴한 티켓 두 장과 미트패킹 구역(Meatpacking District)에 있는 아주 비싸고 근사한 호텔에 방을 예약할 때까지 끈질기게 강요했다.

두 형제가 뉴욕에서 보낸 엿새는 마법과도 같았다. 여름이었고 무더웠으며, 그 여행은 동생의 가장 멋진 추억이 될 것이다.

우리는 자전거를 타고 센트럴파크를 통과하여 5번가를 지나 허드슨강을 따라 배터리공원(Battery Park)으로 갔다. 멀리서 횃불을 든 여신상을 보았다. 거리에서 자우어크라우트(Sauerkraut, 신맛이 나는 발효시킨 양배추)가 들어간 핫도그를 먹었으며, 최신 유행하는 술집에서 최신 유행하는 맥주를 마셨으며, 택시를 타고 가 30분간 브루클린 다리에서 뉴욕의 스카이라인과 허드슨강을 바라보며 서 있었다. 문화도 중요했기에 뉴욕현대미술관에도 갔다. 내 친구인 미국인 브라이언과도 만났다. 그는 브루클린에 살았는데 그곳은 맨해튼보다 더욱 근사했다. 그는 우리를 허름한 술집으로 데리고 갔는데 그곳에서 우리는 달착지근하고 끈적끈적하고 매운 닭날개를 먹고 맥주를 마셨다. 또한 우리가 반드시 들러야 할 피자집과 음반 가게도 알고 있었다. 연극 "뿌리" 티켓을 마련하기도 했다. 어떤 옥상 바에서는 우리를 다른 뉴욕 사람들에게 소개하기도 했다. 턱수염을 기르고 모자를 쓰고 잘 알아보기 어려운 안경을 쓴 청년들이었는데 모두 매우 친절했다. 그중 한 명이 마르크에게 주먹을 내밀며 인사하려고 했을 때 주먹인사는 당시 잘 알려지지 않았기에 마르크는 무슨 뜻인지 파악하지 못했다. 마르크는 그가 내민 주먹을 잡고 흔들었다. 당연히 브라이언은 웃음을 터뜨렸지만 비웃는 식은 아니었다. 곁에 있던 다른 청년은 필시 네덜란드에서 온 두 얼간이들에 대한 얘기를 아직도 하고 있을 것이다. 뭐, 아닐 수도 있지만. 몇 년이 지났는데도 그 이야기는 언제나 우리의 대화에 등장했으며, 그럴 때면 우리는 배꼽이 빠져라 웃어댔다.

많은 사람들이 뉴욕에서 하는 것을 우리도 했다. 돈을 아주 많이 들여가며, 아주 급하게, 아주 열성적으로 모두 다 경험해보려고 했다. 나는 마르크가 그토록 행복해하는 모습을 본 적이 없다. 마르크의 아이들이 태어날 때는 함께 있지 않아서 모르겠고, 결혼식 날에는 꽤 행복한 것처럼 보였으나 바로 이 한 주간의 여행, 이건 달랐다. 뉴욕은 그의 도시였다. 아니, 실제로 뉴욕에서 보인 모습이 그의 전부는 아니겠지만 아마 그렇게 되길 바라는 모습이었을 것이다. 그곳에서 마르크는 편안해했다. 압박이 없었고 원하는 것을 할 수 있었다. 그곳에서 마르크는 타인을 의식하지 않고 마르크 자신이 될 수 있었다.

떠나기 하루 전날 '리틀 이탈리아(Little Italy, 이탈리아인들이 모여 사는 거리)의 한 테라스에서 샤르도네 와인을 한 병 마셨다. 비싼 와인이었다. 마지막 저녁이어서 파티를 벌일 이유가 충분했다. 그 와인의 이름은 칼리 하트(Kali Hart)였는데 소위 와인 전문가라는 이들이 너무 일차원적이고 나무 냄새가 많이 나고 조화로움이라든가 기품이 부족하다는 등등이라고 여기는 미국산 진한 와인이었다. 그러나 바로 그거였다. 와인에 대해 일대 타격을 주었다. 맛도 그랬다. 빌어먹을 와인 전문가들 같으니라고.

와인과 더불어 소시지를 먹고는 한 병을 더 마셨다. 마르크는 줄담배를 피워댔으며 우리는 햇빛 아래서 얼큰하게 취했다. 우리는 모든 것에 대하여 이야기했다. 그러나 그때조차, 내가 동생과 함께 경험한 완벽하고도 어쩌면 가장 아름다웠던 날조차도 깊이 있는 대화는 나누지 않았다. 두려움이라든가 마음 깊은 속에 숨겨둔 욕망, 의구심, 여러 관계에 관한 이야기는 나누지 않았다. 우리의 대화는 과거에 관한 것, 우리가 한 일들, 함께 웃고 놀던 사촌들, 어린 시절, 부모님, 영화, 음악 그리고 집에서 조금 먼 곳에 있던 태국 마사지 살롱에 가서 받았던 발 마사지에 관한 것이었다.

호텔로 돌아가는 택시 안에서 마르크는 지쳐 있었다. 말 거는 것을 좋아하지 않는 마르크가 택시기사에게 말을 걸었다. "기사님, 이 도시 정말 마음에 들어요." 택시기사는 가지런한 이를 드러내고 씩 웃으며 모두들 이 도시를 마음에 들어한다고 했다.

우리는 창문을 아래로 내리고 축축한 저녁 안개가 얼굴을 스치도록 했다. 사진과 동영상을 찍었다.

우리는 뉴욕에 있었다.

우리는 얼큰히 취해 있었다.

우리는 행복했었다.

"우린 이런 여행을 더 자주 해야만 했어. 더 자주 말이야. 해마다." 마르크가 말했다. "그래, 우리 해마다 이렇게 여행하자."

이것이 삶이었다.

2012년 1월

나는 언제나 마스크로 나의 본 모습을 감춘다. 내 주변에 벽을 두른다. 과거에는 지금보다 더 두껍게 둘렀었다.

(……)

나 자신을 이해하기가 어렵다. 나 자신을 꿰뚫어 보기가 어렵다. 아무도 내가 누군지 정말로 모른다.

(……)

나의 감정을 드러내기가 두렵다. 엇나갈까 봐 두렵다. 불완전한 존재일까 봐 두렵다.

제 4 화

마르크는 착한 아이였다. 혼자서도 잘 노는 조용한 녀석이었다. 나와 정반대였다. 내가 나쁜 놈이라는 말이 아니라 나는 좀 더 여기저기 끼기 좋아했고 언제나 남자친구와 여자친구들을 필요로 했다. "그렇지 않으면 넌 마음에 들어 하지 않았어"라고 어머니는 종종 말한다.

그랬었다.

사실 지금도 그렇다.

나는 혼자 있을 수 있고, 심지어 혼자서 행복할 수도 있지만 재미있으려면 주변에 사람들이 있어야 한다. 흥겹게 이야기를 나누고 웃고 먹고 마시면서 즐겁게 놀 수 있는 사람들 말이다. 마음을 내려놓는 연습을 하는 사람들은 나와 같은 사람을 외향적인 사람이라고 부른다.

마르크에게는 적용되지 않는 말이다. 내성적인 아이였기 때문이 아니라 그저 혼자서도 아주 잘 잘 노는 아이였기 때문이었다. 그는 아무도 필요하지 않았다. 혼자서도 아주 좋았다.

자기 방에 틀어박혀 혼자 몇 시간이고 보낼 수 있었다. 레고나 모형 비행기를 조립하고 다시 해체하면서 말이다. 나는 그게 이해가 가지 않았고, 생각만 해도 질려버렸다. 세 개의 공을 틀린 자리에 붙인 뒤에는 재미가 없어져서 밖에서 놀고 싶었다. 카우보이라든가 인디언, 혹은 전쟁놀이를 하면서 말이다.

당시 우리는 그렇게 전쟁놀이를 했다. 우리가 자랄 때인 1970년대에는 전쟁이 벌어지지 않았기 때문이다. 물론 멀리 아프리카 국가에서는 전쟁이 벌어졌었을 수도 있고 냉전도 있었지만 우리는 그런 것에 별로 신경 쓰지 않았다. 인터넷은 존재하지도 않았고 세상은 좁았다. 전쟁은 텔레비전이나 극장에서나 볼 수 있는 것이었다. 전쟁은 영웅들과 악당들에 관한 것이었다. 전쟁은 가차 없는 것이었다.

그래서 우리는 나뭇가지나 동네 공사장에서 주운 베이지색 피브이시 파이프(PVC pipe)로 서로를 향해 쐈다. 내게는 플라스틱으로 만든 권총이 없었다. 아버지는 설사 장난이라고 해도 폭력을 질색했다. 텔레비전 프로그램 "A-특공대(The A-Team)"도 아버지에게는 굉장히 폭력적이어서 나는 그 프로그램을 몰래 보곤 했다.

1980년대 초 정부가 몇 킬로미터 떨어진 하벨터(Havelte) 군부

대에 핵미사일을 배치하려고 할 때 이에 대한 항의 행진으로 어딘가로 걸어가기도 했다. 러시아군이 바로 그곳에서 3차 세계대전을 벌일 거라고 했다. 그러면 우리는 그 즉시 개죽음을 당한다고 했다. 아버지는 그런 일이 일어나는 것을 바라지 않았다. 그래서 우리는 횃불과 "폭탄 금지. 미사일 반대"라고 적힌 현수막을 들고 행진했다.

그때는 아주 흥미진진했다. 나는 더러 전쟁이 벌어지는 꿈도 꾸었다.

우리가 살던 곳에 있던 공사장은 천국이나 다름없었다. 진흙과 쓰레기와 반쯤 지어진 주택들에 몸을 숨길 수 있었고 주택들에선 갓 바른 시멘트 냄새가 났다. 그때만 해도 공사장 주변에 임시로 차단하는 울타리가 없었고 감시 카메라도 없었다. 전쟁도 없었고 아무도 물건을 훔치지 않았다. 오히려 그때가 세상은 더 좋았다.

그건 사실이 아니란 것을, 나 역시도 알고 있지만, 그렇게 느꼈었다.

여동생처럼 마르크도 언제나 우리의 어린 시절은 동화 같았다고 말했다. 사람들은 "순진하기는!"이라고 것이다. 어쩌면 우리는 인생이 제공해야만 하는 온갖 불쾌함과 더러움과 비참함을 받아들일 준비가 덜 되었을 테지만 어쨌든 무척이나 행복했었다. 나는 지금도 갓 칠한 시멘트 냄새를 맡으면 행복해진다.

전쟁놀이를 할 때 사겨 대상으로 한 이이가 특히 인기가 많았다. 이름이 워낙 어려워서 지금은 까먹었는데, 그 아이의 부모는 옷이 더러워지거나 구멍이 뚫렸어도 전혀 개의치 않기에 언제나 멋지게 쓰러진 것 같다는 생각이 든다. 그 아이는 언덕에서 구르고 진흙탕이나 젖은 풀밭에서 쓰러지고 갓 칠한 시멘트 위로 쓰러지곤 했다. 우리는 그 아이를 정말로 명중시켰다고 느꼈다. 최고로 멋진 녀석이었다.

마르크는 별로 같이 놀지 않았다. 아주 어렸을 때는 잠시 함께 놀았지만, 얼마 안 가 방이나 창고에서 내가 전혀 이해하지도 못하고 또 이해하고 싶지도 않은 기구를 만지작거리며 놀았다. 가끔은 친구와도 함께였으나 혼자 노는 경우가 더 많았다.

대체로 나와는 다른 것들을 좋아했다는 생각이 든다. 그야 뭐, 괜찮았다. 딱하지도 않았다. 그는 미친 아이도, 괴상한 아이도, 버려진 아이도 아니었다. 그는 행복해했다. 그렇게 혼자 있는 것을 좋아했으며 말수도 적었다.

그런 습관은 여자친구를 사귀는데 도움이 되지 않았다. 내가 스테인베이크의 유명한 바람둥이라서가 아니라—그보다는 나는 여자들이 무섭다고 생각했다—마르크는 여자친구를 사귀는 것을 전혀 좋아하지 않았다. 귀찮다고 여겼다. 우리는 여자친구에 관하여 얘기한 적이 한 번도 없었지만 마르크에게 여자친구가 거의 없었다는 것은 알고 있다. 한 손가락으로 셀 수 있는 정도였는데, 열일곱 살 즈음에 부모님과 함께 바캉스로 간 프랑스 여행에서 우연히 만난 여자와 오랫동안 사귀었기 때문이기도 하다. 마르크는 갈색 머리칼의 야망에 불타는 발랄한 프리스란트(Friesland, 네덜란드 북부의 주) 출신 아가씨에게 빠져버렸다.

그들은 결혼하여 아이를 둘 낳았다.

그것이 그의 열렬한 첫사랑이었다.

그리고 마지막 사랑이었다.

"뭐, 그것도 좋지." 나는 언제나 되뇌인다.

오랫동안 함께 살아온 부모님을 보면 알 수 있다. 즉, 가능할 수도 있겠다는 생각이 든다. 서로에게 상냥하고 서로를 구속하지 않고 지나치게 불평불만을 늘어놓지 않으면 확실히 가능할 것이다. 그런 식으로 사는 여러 커플을 알고 있고 그들 모두가 잘 지내기를 바란다.

훗날 판명난 것처럼 나는 다르다는 사실에 만족할 뿐이다. 즉, 나는 여러 명과 사귀었고, 깨어진 사랑의 슬픔을 경험했으며, 여러 번을 처음부터 다시 시작해야 했다.

나는 독신이어서 다행이라고 여긴 적도 있었다. 그때는 화려하고 윤택했다. 그렇지만 역시 불행하기도 했다. 마르크가 잘 봤을지도 모른다. 여자가 귀찮은 존재라는 것을 말이다. 하지만 지금 나는 행복하다. 어떻든 기쁘다.

그렇기에 사람마다 다를 수 있다. 그리고 많은 사람들은 처음이자 마지막 사랑을 선택한다.

마르크가 선택한 것처럼 말이다.

그렇지만 서로를 야금야금 갉아먹기도 한다. 바로 지금 이 순간조차도 말이다.

만약에 달리 선택했다면 어땠을까?

마르크가 첫사랑에 머무르지 않았더라면 어떻게 되었을까? 만일 서너 명 이상의 여자와 사귀었다면 어땠을까? 인생이 갈색 머리칼의 야망에 불타는 발랄한 프리스란트 아가씨들보다 더한 것을 제공한다는 것을 깨달았다면 어땠을까? 덧붙이자면, 갈색 머리칼의 야망에 불타는 프리스란트 아가씨들을 나쁘게 말하려는 의도는 전혀 없다. 그들은 세상의 소금이다.

마르크의 병상 일지에서 결혼생활이 "행복"했고 "언제나" 아내를 사랑했었다는 글을 읽었음에도 나는 그가 그때가 더 행복했을 거라는 생각이 든다.

그렇지만 나는 그가 원하지는 않지만 선택할 수밖에 없었던 삶에 갇힌 느낌이 들었을 거라고 생각한다. 꼭 결혼에 갇혀 살았다는 것이 아니라 인생에 갇혀 산 것처럼 느꼈을 것이다. 그에게 닥친 인생에 말이다.

언젠가 마르크에게 "네가 불행하다는 생각이 들어"라고 말한 적이 있다. 그는 바보 같은 생각이라고 했다. 나는 입을 다물어야 했다. 너무 감상적이지 말았어야 했다.

그렇지만 내가 옳았다고 생각한다.

아마도 내가 마르크와 그의 아내 사이에 애정을 거의 보지 못했기 때문일 수도 있고, 그가 던지는 농담이 서슬이 푸르기 때문일 수도 있고, 그가 크게 웃는 소리를 자주 듣지 못했기 때문일 수도 있다. 어쩌면 기술에 대한 열정과는 아무런 관련이 없는 너무나 지루한 직업을 선택해서 그럴지도 모른다. 그는 청각관리사였다. 청각관리사를 비난할 의도도 없고, 그들 모두 분명 소중한 사람들이지만 내게는 활기 넘치는 직업으로 보이지는 않는다.

마르크는 종종 자신에게 닥친 것들을 선택했기에 선택이란 것을 전혀 하지 않았다. 상황이 굴러가는 대로 내버려 두었다. 그것이 쉬웠고 가장 저항을 적게 받는 길이기 때문이었다. 그는 굳이 애써가면서 싸우고 싶어 하지 않았다. 선택이란 것을 하려면 말을 해야 하고 논쟁도 필요하지만 마르크는 그런 것을 원하지 않았다. 쓸데없는 짓이라고 생각했다.

그래서 사람들이 아직도 마르크를 아주 조용하고 착한 녀석으로 흔히 묘사하는 것은 그리 이상한 일이 아니다. 마르크는 정말 그런 녀석이기도 했다. 마르크는 숨겨진 보물이었다. 평생 자기가 정말로 원했던 일, 즉 창조적인 일을 하기를 두려워했던 숨겨진 보물과도 같은 사람이었다. 그는 귓속을 들여다보는 일을 원하지 않았다. 사진작가가 되거나 글을 쓰거나 예술을 감상하고 세상 구경을 하고 싶어 했다.

"나는 그 직업이 맞지 않았어. 나도 잘 알아." 그는 내게 말을 했으나 유감스럽게도 삶이 마지막으로 치달을 즈음 폭음을 하던 시기였다. 이미 너무 늦어버린 시기였다. 또한 그 시기는 지난 수십 년간보다 더 많은 말을 했던 시기이기도 했다.

술 때문이었을지도 모른다. 자신의 생각을 표현해야 했던 수십 편의 병상 일지 때문일지도 모른다. 하지만 그 어느 때보다 더욱 말을 많이 한 것은 사실이었다. 그리고 수도 없이 허튼소리를 한 것도 맞다. 터무니없이 야심에 찬, 완전히 자아도취적인 헛소리를 수도 없이 했지만 적어도 우리는 마음을 터놓는 마르크를 보았다. 도대체 무슨 생각을 하는지 속을 전혀 알 수 없었던, 마음의 문을 꼭 닫은 녀석이 아니었다.

마르크는 고가의 카메라를 샀고, 사진 아카데미에 가서 자신이 동경하던 창의적인 사람들과 접촉했다. 유명한 알코올 중독자들이 쓴 책과 알코올 중독자들에 관한 책을 읽었다. 윌리엄 버로스(William S. Burroughs), 찰스 부코스키(Charles Bukowski)와 같은 작가도 있었지만, 헤르만 브로우트(Herman Brood, 네덜란드의 음악가이자 화가, 배우, 시인)도 있었다. 특히 브로우트의 작품을 즐겨 읽었다. 중독증세가 악화되던 시기에 브로우트에게 영향을 받은 건 분명하다. 마르크는 브로우트를 영웅으로 여겼는데, 특히 브로우트가 결국엔 호텔에서 뛰어내려 스스로 자신의 죽음을 선택했기 때문이라고 했다. "나도 언제든지 그렇게 할 수 있어. 난 또 하나의 브로우트거든."

그는 당시 나를 돌아버리게 했다. 나는 그가 자신이 무슨 말을 하는지도 모르며, 알코올 중독을 용감하고 남자다운 것으로, 삶의 방식으로, 관심을 끌기 위한 수단으로 본다고 여겼다. 그는 브로우트가 아니었고 부코스키는 더더욱 아니었다. 그는 마르크였기에 정상적으로 행동했어야 했고 잘못을 바로잡았어야 했다.

그 당시 마르크를 존중하는 마음은 산산이 무너졌다. 특히 그러한 말들로 부모님을 미치게 했기 때문이었다. 나나 여동생처럼 부모님은 언제나 그를 계속 도왔다. 내가 보기엔 마르크는 그런 도움을 진지하게 받아들이지 않았다.

나는 이제 마르크를 평생 숨겨져 있던 자기 자신을 계속해서 찾아가는 한 사람으로 바라본다. 그는 자신의 본연의 모습을 속물적인 중산층의 가면으로 가렸다. 조용하고 침착하고 말이 없었지만 또한 무언가 잘못할까 봐 두려워하기도 했다. 모든 것은 완벽해야 했다. 마음속 깊이 바라던 삶이 아닐지라도 그가 이끄는 삶은 완벽해야만 했다. 삶은 유년 시절에 머릿속에 자리 잡은 그림과 일치해야 했다. 어쩌면 부모님이 그렇게 살았기에 그럴지도 모르고, 어쩌면 주변의 다른 사람들이 그렇게 살았기에 그럴지도 모르고, 어쩌면 스스로 그렇게 살아야만 한다고 진심으로 생각했을지도 모른다. 어쨌든 마르크는 다르게 행동할 용기가 없었다. 그래서 쓰라린 경험을 해야만 했다. 푸념을 되풀이하는 것은 약해빠진 사람들이나 하는 것이기 때문이었다.

그래서 그는—진심으로 사랑했던—아내와 두 아이를 낳았으며 보청기 업체도 운영했고, 한쪽 벽이 옆집과 이어진 연립주택도 보유했고, 정원과 카라반도 소유했다. 스스로 정한 기준에 의하면 성공한 사람이었다.

마르크가 지속적으로 불행했다고 주장하지는 않겠다. 겉으로만 봤을 때는 스스로 훌륭한 삶이라고 확신할 수 있었을 것이다. 결혼 초반과 아이들이 태어났을 때는 확실히 그랬다. 사는 게 좋다고, 그때 마르크는 그렇게 믿었을 거라는 게 내 솔직한 생각이다.

그런 소위 훌륭한 삶의 균열은 나이가 들어가면서 따라왔다. 나이가 들수록 결국에는 외적인 것에 대한 염려가 줄어들게 마련이다. 외적으로 어떻게 여겨질까에 관해서 말이다. 다시 말해, 삶에서 중요한 것은 집이라든가 차라든가 값비싼 물건 같은 것이 아니다. 행복과 건강을 중요시 여기게 된다. 동시에 요가나 마음챙김처럼 대단히 애매하고 따분한 것이 중요해진다.

그러나 그게 진실이다.

내 생각에는 그렇다.

그리고 마르크도 그것을 알아차렸다고 생각한다.

그간 살아왔던 훌륭한 삶이 점점 그리 훌륭하지 않다는 생각이 들기 시작했던 것 같다. 그런 훌륭한 삶은 과거에 그에게 일어났던 것이라는 생각을 했던 것 같다. 그리고 그는 엉망인 상태를 깨부수어 열 수 있는 용기가 없었다. 어쩌면 갈수록 마음의 병이 들어서 깨부수는 것을 허용하지 않았기 때문일지도 모른다. 결국 마음의 병을 앓게 되었기 때문이다. 하룻밤 사이에 불시에 습격한 게 아니라 서서히 찾아온 정신질환. 그 질환에 대해 잘 아는 사람들은 그가 질환을 앓은 지 한참 되었고, 그 정도면 이미 유전자의 일부가 되었다고 한다.

그것은 "예견된 사고"와도 같은 것이었다.

2012년 3월

　부모님, 형, 여동생과의 관계는 나에게 중요하다. 그 밖의 관계는 더 이상 이해하지 못하겠다. 나는 상황을 다시 정상으로 돌려놓기 위해 그들에게 다가가고 싶지만 더 이상 그럴 힘이 남아 있지 않다. 이전에 시도를 해보았으나 아무것도 얻지 못했다.

제 5 화

마르크의 음주는 2006년 처음으로 눈에 띄면서 문제가 되었다. 마르크와 동업자가 두 번째 보청기 매장을 개업했을 때였다. 마르크는 몇 년간 여러 회사 사장들 밑에서 기술직으로 근무한 뒤 갑작스럽게 사업을 시작했다. 기술과 관련된 일을 접고 청각기능사 직업훈련을 받고 보청기 체인점에서 잠시 일을 한 다음 동업자와 함께 사업체를 차린 것이었다.

그때까지 우리와 마르크의 가족에게 마르크의 인생은 대단한 성공담처럼 보였다. 마르크는 성공한 아들이었고 여동생 또한 잘 살았는데 나만 이것저것 손대고 있었다. 그래도 어쨌든 나는 대단히 만족스러웠다. 그런 식으로 빈둥대는 것을 아주 좋아하기 때문이다.

마르크의 삶은 순조롭게 굴러가는 것처럼 보였다. 사업이 성공해서 이후에 얼마 안 가 두 번째 매장도 열었고 세 번째 매장을 열 계획까지도 세워 놓았다. 더 크고 비싼 자동차도 사고 집에 사우나도 들여놓았다. 물건을 사고 즐기며 살았다. 성공은 선택의 문제라는 느낌이 들었다. 자식들아, 마르크를 보란 말이야!

그사이 정작 마르크 본인은 스트레스로 인하여 무너지고 있었다.

머릿속은 엉망진창이었다. 그것은 완벽주의자에게는 최악이었다. 그는 공황상태였고, 상황을 어떻게 서로 잘 엮어야 할지 몰랐다. 일주일에 7일을 일했고 집에 있을 때도 여전히 일을 생각했다. 잠이 들면 일하는 꿈을 꾸었다. 이미 수년간 잠복해 있던 우울증과 불안장애 및 기타 정신적 문제가 서서히 드러나기 시작하더니 언제나 일관되게 잘 유지해왔던 표면을 뚫고 나왔다.

그는 술을 마시며 문제를 멀리했다. 처음에는 가끔 마시다가 매일 자주 마시게 되었다. 처음에는 몰래 마시다가 이윽고 더 이상 마시는 걸 숨길 수 없을 때까지 마셨다. 그 술이 문제가 되었다. 아내가 알아차렸다. 손자들을 자주 돌봐주던 어머니 또한 뭔가 잘못되었다는 것을 눈치챘다. 어머니가 저녁에 아이들을 데려다줄 때 마르크는 수시로 침대에 누워 있었다. "일을 마친 뒤 잠깐 잠이 든 것"은 침대 매트리스 밑에 있던 와인 한 병을 마신 후였다고 마르크는 나중에서야 밝혔다.

그는 살날이 몇 주 안 남았을 때 마침내 툭 터놓고 말했다. "난 일꾼이라기보다는 점점 더 술꾼이 되어 갔어. 나의 일, 가족, 나 자신까지 서서히 파괴되고 있었지. 그때 자제심을 잃어가고 있다고 느꼈어. 맨날 집에 늦게 왔고 툭하면 술을 마셨어. 가끔 사무실에서 잠을 잔 이유는 똑바로 서 있을 수 없었기 때문이었어. 아내는 감당할 수 없어 했지만 난 계속 술을 마셨어. 점점 더 많이, 갈수록 더 심하게 맥주를 마셨지. 술을 마셔서 고통과 두려움과 수치심을 없앴어."

참 이상하게도 우리는 당시 추측에만 머물러 있었다. 알코올 중독은 다른 사람들에게만 있는 것이라고. 우리 침대에서 아주 멀리 떨어져 있는 곳의 이야기라고. 우리는 알코올 중독은 모른다고, 우리 가족에게는 없는 것이라고.

알코올 중독은 불행한 유년 시절을 보냈거나 어느 날 갑자기 모든 것을 잃은 사람들의 것이라고. 알코올 중독은 호화로운 생활을 즐기는 성공한 사람들을 위한 것이 아니라고. 우리는 가족에게 그런 일이 일어나는 것을 보고 싶어 하지 않았기에 보지 못했다. 문제를 직시하려 하지 않고, 보지 않으려고 했다. 일의 중압감으로 인한 스트레스를 받고 있는 마르크가 어쨌든 참 안 됐다고만 생각했다. 당연히 일도 그렇게 바쁜 데다 아이 둘을 건

사하고 아내까지 자신의 사업체를 운영하고 있으니 얼마나 스트레스가 심할까, 했다. 그리고, 그랬다, 결혼생활에 뭔가 문제가 있을지도 모른다고 생각했다. '결혼생활의 문제는 최고라는 가정에서도 일어나는 일 아닌가? 동생 부부는 아마 힘든 시간을 보내고 있을 거야. 오랫동안 같이 살다 보면 다 그런 거 아니겠어? 나도 이혼했잖아. 그래, 누가 알아? 마르크도 그런 위기를 겪고 있는지? 아무도 모르는 거야.' 우리는 정말 몰랐다. 마르크는 여전히 말수가 적었고 그러한 것과 같은 문제에 관해서는 절대 말하지 않았었기 때문이다.

그즈음 마르크가 갑자기 사고를 당했다. 그는 밤늦게 산책을 나갔다. 담배를 한 대 피우며 하루의 일과를 날려 보내기 위해서였다. 한번은 마르크의 집 아주 가까이에 사는 이웃집 남자가 주차된 차 두 대 사이에서 의식을 잃은 채 쓰러져 있는 마르크를 발견했다. 10분만 늦었더라면 생명에 지장이 있을 정도로 저체온이었다.

"미끄러져 넘어졌어." 마르크는 다음날 그렇게 말했다.
"잔뜩 취했었어." 나중에는 그렇게 말했다.
결국 6개월 동안 네 번이나 집중치료를 받았다. 정확한 이유는 몰랐다. 나중에서야 계단에서 넘어지고 차가 나무를 들이받은 것으로 밝혀졌다.

우리는 의심하기 시작했다.

마침내 입원하기로 결정했다. 그의 아내가 더 이상 인내할 수 없기 때문이기도 했다. 나는 그녀를 비난하지 않았다. 우리는 겨우 절반만 알았지만 그녀는 모든 것을 알고 있었고 모든 것을 아이들과 겪고 있었다. 그녀는 프랑스에서 휴가 기간 동안 만난 조용하고 열심히 일하는 착한 청년이 심각한 알코올 중독자로 변하는 모습을 보았다. 그녀는 더 이상 아이들에게 그런 모습을 보여줄 수 없었다. 그녀 자신도 더 이상 그런 모습을 볼 수 없었다.

무슨 조치를 취해야 했다.

마르크의 첫 번째 병원은 위 센터(U-Center)였다. 정신질환과 중독증이 있는 사람들을 위한 병원이었다. 림뷔르흐(Limburg)주 남쪽의 가망 없는 마을에 위치한 위 센터는 약간 호화로운 호텔처럼 보였다. 당시 전형적으로 마르크다운 병원이었다. 깔끔해야 했기 때문이다. 지저분한 곳은 안 되었다, 절대로. 고급스럽고 외관이 멋져야 했으며 좋은 음식이 있는 훌륭한 곳이어야 했다.

보험회사는 다른 식으로 생각했다.

마르크는 치료비로 10,000유로를 지급해야 했다. 그만한 돈이 그에게는 없었다. 사업에 투자한 데다 과도하게 소비적인 생활 습관 때문이었다. 우리 부모님과 아내의 부모님이 "선불로" 지급했다. 치료만 된다면, 그게 요점이었다. 돈이 뭐 그리 대수겠는가.

마르크는 약 6주간 그곳에 있으면서 술을 끊고 치료받으며 회복되어 집으로 왔다. 그리고 거의 곧바로 다시 술을 마시기 시작했다. 물론 더 이상 숨길 수 없게 되었을 때까지 몰래 마셨다.

결혼은 무너졌다.
경력도 무너졌다.
사회생활도 무너졌다.
모든 것이 무너졌다.

일정 부분 마르크를 무너뜨린 완벽주의의 이점은 넉넉한 금액의 직업장애보험에 가입하도록 한 것이었다. 그가 죽을 때까지 보험료가 나왔다. 그런 이유로 돈은 문제가 되지 않았다. 최소한 캔맥주나 담배를 사거나 집세를 낼 수 있는 돈은 항상 있었다. 집이 팔렸고 마르크는 전처와 마찬가지로 혼자서 살아야만 했기 때문이다. 처음에는 메펄(Meppel)이나 스테인베이크에서 살았다. 전처와 아이들, 부모님과 가까운 곳이었다. 그러다 나중에는 암스테르담에서 살았는데, 그곳은 다른 사람들 눈에 띄지 않으면서 언제나 살고 싶었던 곳이기도 했다.

마르크는 곧 사치스러운 생활에 대해 더는 관심이 없어졌다. 아파트는 점점 더 끔찍하고 안쓰럽고 더러워졌다. 언제나 기타, 시디, 컴퓨터, 카메라, 책을 갖고 이사 다녔다. 나머지는 별로 중요하지 않았다.

마르크는 스스로 단장할 기운도 없는 경우만 빼고는 아주 깨끗하게 단장했다. 무수히 입원과 퇴원을 반복하는 가운데 술독에 단단히 빠져있을 때는 샤워라든가 악취 제거, 면도에 별로 신경 쓰지 않았다.

해가 갈수록 상황은 더 악화되었다. 몇 번이고 입원하는 것은 성공적이었지만, 병원에서 퇴원하자마자 다시 술을 마시기 시작했다. 문제의 근본을 다루지 않았기 때문이기도 했다.

알코올 중독은 정신장애의 결과이지 원인이 아니었다.

그것은 또한 마르크가 어떻게 그렇게 자주 태연하게 병원에서 퇴원할 수 있었는지를 설명해준다. 그는 모든 사람을 다루는 법을 알고 있었다. 알코올 중독자에게 기대하는 것에 부응했기에 정신적인 문제를 어느 정도 감출 수 있었다. 정확히 그가 원하던 것이었다. 실제적인 문제와 씨름하는 것보다는, 또 머릿속에 있는 악마들과 싸우는 것보다는 모든 면에서 그렇게 하는 게 더 쉬웠다. 아마 그 싸움에서 질 것을 알았기 때문이리라. 그런 다음 다시 폭음했다.

점점 더 가망이 없어졌다.

부모님은 살아있다고 하기보다는 죽어있다고 해야 할 마르크를 아파트 바닥에서 수도 없이 일으켜 세웠다. 마르크는 종종 구토물과 피로 범벅이 되어 있었다.

만취해 있었다.

실신해 있었다.

녹초가 되어 있었다.

그가 전화를 걸 용기를 낼 수 있던 사람은 부모님과 여동생이었다. 가끔은 나에게도 전화했다. 우리는 아직 전화를 받아주던 유일한 사람들이었다. 다른 사람들은 마르크에게 질려버렸다. 아프면 죽든지 아니면 회복해야 했다. 마르크의 경우는 이도 저도 아닌 중간에 끼어있었다. 죽지는 않았지만 나아지지도 않았다.

그는 폭음했다.

술을 끊었다.

폭음했다.

술을 끊었다.

그런 식이었다.

정기적으로 통화를 했지만 이야기는 단조로웠다. 더 이상 어떤 경험도 하지 않는 사람이기에 이야기를 지어냈다. 지어낸 이야기를 반복했다. 성가시게 굴었다. 우리는 진절머리가 났다. 좌우간 나는 그랬다.

끝이 없는 기도 같았다.

부모님이나 여동생이 전화 올 때마다 마르크의 다음 이야기를 듣기 위해서는 마음을 다잡아야 했다.

또다시 사고를 당했다.

또다시 머리를 다쳤다.

또다시 입원을 했다.

또다시 치료를 받았다.

또다시 이사를 했다.

그리고 또다시 희망이 생겼다. 우리가 미친 듯이 계속 희망을 품고 있었기 때문이다. "틀림없이 괜찮아질 거야." 알코올 중독자들은 처음에는 바닥까지 쳐야 그다음부터 다시 올바른 방향으로 간다는 말을 늘 들었다. 사스키아 노르드(Saskia Noort, 네덜란드 작가)의 언니와 아리 보움스마의 형이 그랬다. 성공담은 널려 있었다. 우리는 이전에 중독자였던 사람들의 책을 모두 읽었고 마르크도 극복할 거라 생각했다. 곧 태양은 빛날 것이고, 몇 년이 지나면 다시 웃을 수 있을 거라고 생각했다. 웃음이라, 그건 우리가 가족으로서 끔찍한 시기를 이겨낸다면 그때 가서야 볼 수 있을 터였다. 우리는 더욱 강해져야 할 것이다.

특히 내가 그렇게 말했다. 그리고 솔직히 그렇게 생각했다. 헤르만 브로우트에 관한 헛소리와 죽음에 대한 허세, 과대망상, 그리고 다시 회복될 때 보이는 자아도취적 행동, 나는 이 모든 것을 관심을 끌려는 욕망으로 보았다. 언제나 입을 굳게 다물고 있었던 한 소년의 비명으로 본 것이었다. 마침내 자신의 껍질을 뚫고 기어 나와 이제야 삶을 이해하게 된 착하고 조용한 보물의 비명으로 여긴 것이었다. 마르크는 계속 더 심해졌다. 그랬다, 마르크는 술을 지나치게 많이 마시긴 했지만 뚫고 나왔으며 나는 그것이 변화 과정상의 한 단계라고 진심으로 믿었다.

나는 암스테르담에서 막 살기 시작했을 때 때때로 고성방가를 내기도 했다. 너무 늦게 일어나거나 술을 너무 많이 마시거나 마약을 너무 많이 해서 때때로 직장에 결근한 적도 있었다. 그렇지 않은 사람이 어디 있겠는가, 그것도 삶의 일부인 것을.

조금 더 나이가 들거나 성숙해지면 그때서야 비로소 새벽 3시까지 술에 취해 몽롱한 정신으로 스물두 살짜리 여성과 자려고 수작을 거는 30대 후반의 남자가 얼마나 한심한지를 깨닫게 된다.

정신을 차리게 된다.

정상적으로 살려고 한다.

아니면 최소한 조금은 더 정상적으로 살려고 한다.

지루해하지 않으면서, 속물적이지 않으면서, 그래, 정말로 속물적이지 않으면서 더욱 정상적으로 살려고 하게 된다.

마르크도 그렇게 될 것이다.

나는 그것을 분명히 알고 있다.

마르크가 그걸 깨닫지 못할 것처럼 보였기에 나는 점점 더 화를 내게 되었다. 끝도 없이 걸려오는 전화가 혐오스러워지기 시작했다. 대개는 전화를 받지 않았다. 이사할 때도 더는 돕고 싶지 않았다. 빌어먹을 바위텐펠더르트 구역에 새로 이사 간 젠장할 아파트의 실내를 정돈하는 것을 돕고 싶지 않았다. 적어도 그와 함께 사는 중독자나 정신적으로 문제가 있는 자식을 더는 보고 싶지 않았다. 매일같이 마르크에 관해 부모님과 말을 하고 싶지도 않았다. 마르크가 어떻게 지내고 있는지에 관해서 말이다. 알다시피, 나에게는 내 삶이 있었으며, 위기의 한가운데에서 내 사업을 벌이려고 사직한 상태였다. 나 또한 돈과 새 집이 필요했다. 그동안 잘 살았던 루메이(Lumeijstraat)가 아파트의 사악한 집주인이 매달 600유로를 더 받으려고 했기 때문이었다. 암스테르담의 집값이 올랐으니 당연하다는 투였다.

헤이런흐라흐트(Herengracht) 운하 지역에 사무실을 갖고 있는 빌어먹을 변호사와 빌어먹을 중개인과 사악한 집 주인은 아내가 임신 중이라는 사실에 관심조차 없었다. "여기는 암스테르담입니다, 랑어데이크 씨. 싸게 해줄 수 없습니다. 당신과 임신한 아내분은 다른 집을 찾아보시지요. 성공을 빕니다." 그렇다, 까르레인은 임신 중이었다. 그러니 내 정신이 동생의 삶이 되어버린 긁힌 음반이 아니라 잠시 다른 데 팔릴 수도 있는 것 아니겠는가. 나는 신경을 끊었다. 동생은 썩을 놈, 망할 놈, 알코올 중독자가 되어 있었다. 나는 더는 이해하지 못했다. 지쳤다. 이제 지긋지긋했다.

제 6 화

우리는 그 당시에는 알지 못했지만 그것이 마르크의 마지막 입원이었다. 마르크는 율리아나-오르트 신경정신의학센터(GGZ-instelling Juliana-Oord)에 입원했고 놀랍게도 치료가 잘 진행되었다. 입원 치료는 언제나 잘됐지만 "이번에는 다르다"고 마르크는 부모님에게 말했다. 느낌이 좋다고 했다. 그곳은 알코올 중독만 다루는 게 아니라 다른 의료기관들보다 정신적 문제에 관심을 갖고 있었다. 의사들은 머릿속을 들여다보거나 최소한 그러려고 노력을 기울였으며 그런 시도는 상당히 성공적이었다. 마르크는 그들이 자신을 이해한다는 느낌을 받았다고 했다. 그간 입원했던 다른 병원들보다 더 좋다고 했다.

그때가 2015년이었다. 나는 여전히 지쳐 있었고, 여전히 왜 그런지 이해를 하지 못했고, 지긋지긋한 놈으로 여겼지만, 계속해서 연락은 취하고 있었다. 부모님은 우리가 연락하고 지내는 것을 좋아했다. 나는 그사이 마르크가 허무맹랑한 이야기를 지어낸다는 사실에도 불구하고 연락하고 지내는 것이 좋겠다고 생각했던 것이다. 우리는 때때로 전화했고, 자주 문자를 보냈다.

그가 말했다. "장담은 못 해. 이젠 장담하는 거 그만뒀으니까. 그렇지만 이번엔 느낌이 좋아."

그해 9월 어느 때쯤이었다. 마르크는 좋아 보였다. 눈동자가 맑아 보였다. 당분간 부모님 집에 머무르려는 생각이었다. 체력을 회복하고 잘 먹으며 올바른 생활을 하려는 목적이었다. 그런 다음 다시 만나기로 했다.

그럼에도 우리는 마음을 단단히 먹었다.

우리는 더 자주 통화했다. 그가 하는 이야기가 전과는 달랐기 때문이었다. 마르크는 일관성 있게 말을 했고, 과거에 유행하던 농담을 던지고 아버지가 집안을 수리할 때 도왔던 일에 대해 이야기했다. 화장실에 있는 수납장도 하나 교체하고 결국엔 변기마저도 수리했다고 했다. 변기 물 내리는 손잡이를 잡아당기면 짜증나게 계속 물이 흘러내리기 때문이었다. 그런 다음에는 정원 창고를 수리하기 시작했다고 했다. 마르크는 20년 전쯤에 아버지와 함께 그 정원 창고를 지었었다. 이제 개조를 해야 했다. 그들은 벗겨진 페인트를 사포로 문지르고 다시 칠하며, 커피와 물을 마시고 요리도 해서 먹었다. 태양이 빛나고 있었다. 우리 가족에게는 아마도 지난 8년 중에 가장 좋았던 늦여름이었을 것이다.

10월이 되자 마르크는 삶을 다시 살고 싶다고 했다. 좋은 일이었다. 그는 아직도 다른 두 친구와 함께 살았던 바위텐펠더르트 아파트의 월세를 내고 있었다. 그는 이제 때가 되었다고 느꼈다. 다시 삶을 추스를 수 있을 것 같다고 했다.

이번에는 정말로 악마들과 맞붙을 수 있을까? 악마들이 그를 관통했을 때 알코올 중독뿐만 아니라 문제의 근본과 맞붙어야 한다는 것을 깨달을 수 있을까? 용기를 갖고 자신과의 싸움에 나설까? 나는 그러길 바랐다. 그렇지만 마음을 다잡아야 했다. 지난 8년간의 실망으로 인해 내 마음이 냉소적이 되었기 때문이다.

마르크는 이번에는 다르다고 했다. 적어도 이번만은. 그는 여전히 장담하지는 않았지만, 암스테르담 외곽의 집에 있는 지저분한 것들을 새롭게 고치고 싶어 했다. 방을 페인트칠해야 했고, 커튼도 달아야 했고, 침대 겸용 소파도 들여놔야 했다. 그렇게 되면 거실과 좀 더 비슷해지기 때문이었다. 사진을 액자로 만들어야 했고, 바닥 카펫도 새로 깔아야 했다. 그랬다, 기본적으로 모든 것을 정비해야 했다. 새롭고 상쾌한 시작을 위하여. 모든 것은 11월 20일 이전에 끝나야 했다. 마르크 말로는 부모님이 그 날 결혼 45주년을 맞이하기 때문이라는 것이었다. 마르크는 이제 몇 년이 지난 후에도 부모님의 결혼기념일에 함께 있고 싶다고 했다. 아들의 그 모든 비극을 함께 겪은 부모님은 충분히 결혼기념일을 누릴 자격이 있었다.

그렇지만, 다시 한번 말하지만, 장담은 하지 못했다.

아파트에서는 고양이 오줌 냄새가 났다. 새로 페인트를 칠하고 단장하고 청소를 한 뒤였는데도 말이다. 고양이들은 같이 사는 동거인이 키우고 있었다. 옷이 아주 많은 아주 상냥한 친구로 종종 와서 하룻밤 묵고 가는 딸이 하나 있었다. 그 친구한테 무슨 문제가 있는지 나는 알지 못했다. 마르크도 알지 못하기는 마찬가지였으나 알코올 중독자와 함께 사는 걸 보면, 그래, 그럼 뭔가가 있을 거라는 의심이 들었다. 거기다 또 다른 동거인도 중독자이기 때문이기도 했다. 내 생각에 그는 코카인과 마리화나 중독자였다. 알코올 중독도 있었던 것 같지만 확실하지는 않다. 그는 암스테르담 말투로 누구든지 "병신"이라고 부르던 살이 어마어마하게 찐 덩치 큰 남자였다. 문신이 여럿 있었고, 개 두 마리와 하트 모양의 금목걸이를 차고 있었다.

둘 다 착한 친구들이었다. 마르크처럼.

그들은 좋으나 나쁘나 서로 도우며 살았다. 교대로 돌아가며 개들을 데리고 나가 똥을 누게 했고, 고양이들은 동거인의 침실 구석에 놓인 모래 상자에서 오줌을 쌌다.

페인트 냄새가 악취를 어느 정도 막아주었지만, 많이 없애지는 못했다.

우리는 음식을 먹지 않고 일을 했다.

하트 모양의 금목걸이를 찬 친구가 창조적인 욕설을 난무하며 여러 이야기를 늘어놓았다. 그는 말을 더듬기도 했다. 분위기는 좋았다. 우리는 헤어질 때 모두 서로 포옹했다. 모든 게 잘 될 거라고, 지켜보자고 했다.

우리는 마음을 다잡았다.

제 7 화

나는 즉시 알아챘다. 자음 발음이 마치 다리를 저는 사람처럼 질질 끌었다. "무슨 일이야"가 아니라 "무스은 이리이야"로 말했다.

골칫덩어리.

술.

멍청한 자식.

2015년 11월 15일이었다. 우리는 닷새 후에 가족들과 함께 우리의 소박한 기준으로 볼 때 스테인베이크에서 유일하게 좋은 식당에서 식사하기로 되어 있었다. 서비스도 아주 훌륭한 곳이었다. 20대 초반의 남녀 종업원들은 우리가 아무리 자주 들러도 "음식은 모두 맛있게 드셨습니까, 손님?"과 같은 말을 늘 묻곤 했다. 음식은 맛있었고 약간 창의적이었다. 그곳에서는 비프 스테이크에 후추소스보다 더 나은 음식을 선택할 수 있었다. 과장이 아니라 스테인베이크에서는 도심지에서 자랑하는 뛰어나고 복잡한 소스와 퀴노아 샐러드 같은 것을 구경할 수 없다. 그래도 그곳은 훌륭한 식당이었다. 와인 또한 훌륭해서 결정하는 데 어려움이 없었다. 마르크 역시 그렇게 하자고 부탁했다. 자기가 알코올 중독자라서 갑자기 우리 모두가 콜라를 마실 필요는 없다는 것이었다. 마르크는 그것을 말도 안 되는 엉터리라고 생각했다. 자기는 병자지만 우리는 아니라는 것이었다.

우리는 그날을 손꼽아 기다리고 있었다.
마르크가 2주 전 나의 최신작 출판기념회에 아버지와 함께 참석했기 때문이기도 했다. 사람들이 많아서인지 긴장한 모습이 역력했지만 좋아 보였다. 심지어 재킷까지 입고 있었고 오래된 지인들과 대화까지 나누었다. 그들은 "마르크, 좋아 보이는데!"라고 했다. 마르크는 배시시 웃었다. 그는 콜라를 마셨다. 그로서는 최선을 다한 것이었다.
그는 정말로 최선을 다했다.
우리 셋은 사진을 찍었으며 두 시간이 지나자 아버지는 마르크를 집으로 데리고 가겠다고 했다. 그는 지쳐있었다. 나는 그에게 자랑스럽다고 말했다. 그곳에 있어 줘서 행복하다고도 말했다. 우리는 서로 껴안았다. 작별인사를 하며 나는 다시 말했다. "네가 자랑스러워."

진심이었다.

그러다 2주 뒤, 술에 취한 마르크의 전화를 받았다. 며칠 전부터 이미 의구심이 있었다. 통화하는 동안 너무 많은 계획을 늘어놓아서 걱정되기 시작했기 때문이다. 사진 아카데미에서 사람들이 자기 보고 굉장하다고 여긴다는 것이었다. 경탄스러울 정도의 재능을 갖췄다고 말한다는 것이었다. 물론 그럴 수도 있을 것이다. 그는 정말 사진을 잘 찍었다. 하지만 과장일 수도 있다. 그는 안톤 코르베인(Anton Corbijn, 네덜란드 영화감독, 사진작가)이 아니었다. 그는 부모님의 사진을 찍으려는 생각을 갖고 있었다. 자식들과 손자들도 함께 찍어서 부모님의 45주년 결혼기념일에 깜짝 선물을 주려고 했다. 그러면서 내일이나 모레 모두 다 암스테르담으로 올 수 있는지 물었다. 자기가 스테인베이크로 올 수도 있지만 스테인베이크는 찍을만한 환경이 안 된다고 했다. 지방인 데다 등등. 암스테르담 엔디에스엠(NDSM, 과거에 조선소 부지였다가 최근 복합 문화예술공간으로 재탄생한 항구)에 근사한 곳을 여럿 알고 있다고 했다. 멋진 그래피티가 있는 버려진 공장 내부였다. 마르크에게는 그곳이 대단히 멋지고 독창적이었다.

마르크의 아이들과 임신한 내 아내 까르레인, 여동생과 그녀의 남편과 세 명의 아이들이 암스테르담 북쪽 지역에 있는 한 벽에 기대어 서 있는 모습을 상상해 보았다면서 최근 아주 각광받는 곳에서 가족사진을 찍을 작정이라고 했다.

"진정 좀 하지 그래?" 내가 말했다.

"왜? 거기서 정말 근사한 사진을 찍을 수 있다고. 두고 봐." 마르크가 말했다.

"안젤라는 애가 셋이야. 주중에는 암스테르담에 쉽게 올 수 있는 게 아니야. 안젤라는 일도 해야 해."

그렇게 구시렁거리면 안 되었다.

말다툼해서가 아니었다. 전화를 끊고 나자 기분이 엉망이었다. 마음이 편치 않으면서 뭔가 잘못되었다는 느낌이 들었다. 상황이 좋지 않은 방향으로 흘러가고 있었다.

나는 '또야!'라는 생각이 들었다.

어머니에게 전화했다.

"상상일 뿐이야. 그렇게 생각하지 않니?" 어머니가 말했다.

여동생에게 전화했다.

"나도 벌써 그런 느낌이 들었어." 여동생이 말했다.

우리는 한번 지켜보기로 했다.

지금 생각해보니 그때가 부모님의 결혼기념일 5일 전이 틀림없다. 몇 년 만에 처음으로 온 가족이 축하하려고 모이기로 한 날이었기 때문이다. 더 지켜보고 말 것도 없었다. 마르크는 술을 마셔오고 있었다. 그것도 아주 많이. 하여간 우리가 그토록 잘 알고 있는, 그토록 오랫동안 부질없이 떠드는 문제가 재발한 것으로 알기에 충분했다.

나는 좌절감이 들었다. 화가 치밀었다. 왜? 왜 다시?

"다시는 너를 보고 싶지 않아, 마르크." 내가 말했다.

침묵이 흘렀다.

"아버지, 어머니, 안젤라도 마찬가지야."

마르크가 무슨 말인가 웅얼거리고 있었다.

"우린 너한테서 손 떼기로 했어. 더 이상은 견딜 수가 없다. 이제 혼자서 노력해 봐. 매번 같으니 말이다. 우린 지금 미쳐버릴 것 같아."

마르크가 한숨을 쉬었다.

"달리 방법이 없다, 알겠어?"

"그래, 상관없어." 마르크가 말했다.

우리는 전화를 끊었다. 나는 몸을 덜덜 떨고 있었다. 그때까지 그에게 한 번도 그렇게 단도직입적이었던 적도, 끝이라고 말한 적도 없었던 것 같다. 기분이 언짢았다. 슬펐다. 그렇게 말하면 속이 후련하리라 예상했던 안도감도, 사람들이 늘 말하는 평온함도 느끼지 못했다. 처참한 기분이었다.

그렇지만 내가 말한 것은 사실이었다. 달리 방법이 없었다. 다시 입원하고, 다시 이사하고, 다시 희망을 품는 것. 부모님은 더는 감당할 수 없었다. 부모님은 휴식이 필요했다.

그쪽 분야의 전문가들은 그렇게 하는 것이 우리에게 좋다고 했다. 우리 자신에 대하여도 생각을 해야 했고, 알코올 중독자를 붙들고 늘어져서 과하게 보호하는 것은 절대 좋지 않다고 했다. 그렇게 함으로써 중독을 유지해주기 때문이란다. 마르크가 정신적으로 정상이 아니고, 수 년 동안 술을 마신 뒤라 몸이 망가질 대로 망가졌지만 그렇게 하는 게 맞는 거라고 했다. 본인이 직접 해결해야 한다고 했다. 바닥을 쳤으니 자기 일은 스스로 해결해야 한다고 했다.

우리는 한번 시도해보기로 결정했다. 다른 방법은 결국엔 다 실패로 끝났었기 때문이다. 돈을 제공하고 지지하고 사랑을 주는 것, 이런 것들은 도움이 되지 않았었다. 아마 그쪽 분야 전문가들의 말이 옳을 것이다.

우리는 그를 놓아 버렸다.

악마와 단둘이 있도록 내버려 두었다.

7개월 후 그는 죽었다.

2016년 5월 17일

　아침 7시 30분. 자명종 소리에 잠에서 깨어나 곧장 취미생활을 계속한다. 음주. 이 습관 때문에 미칠 지경이지만, 술을 마시지 않으면 몸이 미친 사람처럼 떨린다. 비극이다. 며칠 동안 아무것도 먹지 못했다. 설사가 나온다. 알고 보니 간밤에 똥을 지렸다. 춥다, 통증이 몰려온다.

　오전 11시. 통증을 느끼며 힘들게 샤워를 했다. 멘트룸(Mentrum)의 정신과 간병인이 방문했다. 많은 대화를 나누며 울었다. 나는 이제 그 빌어먹을 슈퍼마켓에 가야만 한다. 맥주를 사기 위해서다. "삶은 x 같고 이러다 죽겠지…… 그러길 바라.(나스NaS의 노래 중에서)" 어둠만이 남아 있다……. 나는 오로지 죽음과 사후세계에만 관심이 간다, 점점 더! 어두워졌으면 좋겠다.

낮 1시. 여동생에게서 전화가 왔다. 부모님과 지속적으로 이야기하고 있으니 시간이 지나면 다시 부모님을 볼 수 있을 거라고 한다. 내게 사람들과 섞여 공동체 생활을 하고 싶은지 물었다. 말도 안 되는 소리! 부모님의 친지를 통해 장례비용이 문제가 될 거라며, 그래서 부모님이 나와 연락할 엄두를 내지 못하는 걸 수도 있다는 말을 들었다. 나 스스로 모든 걸 해결할 텐데……. 피곤하다. 주변에서 울리는 사이렌 소리를 참을 수 없다. 하루하루가 너무나 길다. 점점 미쳐가고 있다는 생각이 든다. 이러한 삶을 얼마나 더 견딜 수 있을지 모르겠다.

오후 4시. 텔레비전을 시청했다. 여태껏 이렇게 텔레비전을 많이 본 적이 없었다. 그런데 다른 어떤 것도 할 수가 없다. 과거에는 경주용 자전거를 타거나 기타를 연주하거나 운동을 하는 등 어떤 것이든 할 수 있었다. 이제는 더 이상 아무것도 할 수 없다. 내 문제에 관한 또 다른 해결책이 있었으면 하지만 불행히도 더 이상 존재하지 않는다. 나는 병자이고 정신적으로든 육체적으로든 모두 다 문제가 있다. 바흐의 성가를 들으면서도 계속 상념에 빠져있다. 끝도 없는 상념들. 다시 온 힘을 다 잃는다. 삶이 아닌데도 살고 있다. 이런 삶의 목적이 무엇일까? 살아보려고 애써 보았다. 재활센터와 병원을 숱하게 들락거린 것이 그 증거이다. 할 건 다 해봤다.

새벽 5시. 보아하니 소파에서 잠이 들었다. 발작이 일어나 잠에서 깼다. 또 발작한 것이었다. 그런 다음 맥주를 마셨다……. 또 시작이었다…….

제 8 화

"봐라." 아버지가 말했다. "저 아이가 우리 삶에서 어떻게 사라지는지를." 아버지는 "오줌"을 누는 데 어려움이 있어 배에서 내려 위로 올라간 마르크 쪽으로 고개를 끄덕였다. 마르크는 술을 마실 수는 있었지만, 맥주를 마시면 계속 소변을 봐야 했다.

우리는 마르크가 빌린 배에서 기다렸다. 그의 삶의 마지막 달은 무더웠다. 그는 버킷리스트를 작성하지는 않았지만, 부모님 집 근처의 구석진 곳에 있는 자연보호지역인 비어리번(Weerribben)에서 하루 동안 배를 타고 싶어 했다. 그랬다, 그것이 그에게는 특별한 일인 것 같았다.

그날 아침은 6월 말치고는 매섭게 추웠다. 바람이 쌩쌩 불었고 기온은 약 15도 정도에 머물렀다. 네덜란드의 전형적인 나쁜 날씨였다. 날씨 탓인지 기분이 좋지 않았다. 마르크도 마찬가지였다. 그러나 연기할 수는 없었다. 약간의 운이 따라준다고 해도 마르크는 2주 후면 이 세상 사람이 아니기 때문이었다.

스테인베이크에 있는 부모님 집으로 돌아왔을 때 마르크의 죽음에 관한 바람은 진지한 것임이 분명해졌다. 안락사는 쉽게 실행할 수 있는 것이 아니다. 그렇다, 그 점에 관해서 나는 옳았다. 하지만 마르크는 정말로 안락사를 1년간 준비하고 있었다. 정신과 의사들, 심리학자들, 가정의들과 함께 말이다.

그는 정말로 안락사를 원했다. SCEN(네덜란드 안락사 지원 및 상담위원회Steun en Consultatie bij Euthanasie in Nederland의 약자) 소속 의사는 마르크의 결정을 아직 승인하지 않았지만, 만약 그가 승인한다면 빠르게 진행될 터였다. 사람들 말로는 몇 주밖에 안 걸린다고 했다. 그래서 우리는 마음이 급했다.

마침내 날씨가 좋아졌다. 더 좋았던 것은 쌀쌀하고 비가 내린 아침이 지나자 해가 나고 기온도 적당했다는 점이다. 스웨터를 벗어도 됐다. 상쾌한 날씨였다. 모두 참석했다. 부모님, 안젤라, 친한 친구, 마르크의 아이들이 왔다. 사미를 돌보느라 까르레인만 참석하지 못했다.

아주 좋았다.

마르크의 아이들은 배의 키를 잡았다. 아이들은 재미있어했고 무슨 일이 다가올지 알지 못했다. 우리는 맥주와 소시지, 빵을 먹었다. 물론 어머니가 마련한 것들이었다.

마르크가 오줌을 누려고 나무쪽으로 어슬렁거리며 가자 아버지의 얼굴이 우울해졌다. 나는 아버지 무릎에 손을 얹고는 아직 시간이 조금 있고, 오늘 하루는 아직 끝나지 않았으며, 더 좋은 날들이 틀림없이 올 거라고 했다. 그러니 지금 이 순간을 즐겨야 한다고 했다.

물론 말도 안 되는 소리였다. 완전히 말도 안 되는 헛소리였다.

그러나 이제 막 자식을 잃게 될 아버지에게 무슨 말을 할 수 있을까? 잘 모르겠지만 내가 방금 한 말이 빈껍데기에 불과한 말, 내뱉은 가래와 같은 말이라는 것은 잘 알고 있다.

머저리.

입을 다무는 편이 나았다.

마르크가 돌아와 뱃전으로 올라왔다. 휠체어는 더 이상 필요 없었다. 그는 100미터 달리기에서 다시는 이기지 못할 것이다.

그러나 그는 천천히 다시 먹기 시작했고 비타민을 복용했고 마음의 평안을 얻었기 때문에 몸이 약간 회복되고 있었다. 느릿느릿이긴 할지라도 다시 걸을 수도 있었다. 스스로 샤워하는 것은 아직 할 수 없는 유일한 것이었다. 가정방문 간호기관에서 양

로원에서 쓰는 손잡이가 달린 노인용 의자를 마련해 주었고 아버지는 매일 아침 마르크를 도왔다. 두 사람 모두에게 몹시 슬픈 일이었겠지만 둘 다 아무런 불평을 하지 않았다.

우리는 계속 배를 타고 갔다. 군데군데에서 작은 다리를 직접 들어올려야 했다. 가끔 농부가 우리에게 손을 흔들었다. 모두가 그림 같은 장면이었다. 우리는 사진을 찍었다.

기르티엔(Geertien)호텔 레스토랑의 잔디가 깔린 테라스에서 점심을 먹었다. 물가에 있는 작은 호텔 레스토랑으로 아무도 없었다. 고루하지만 좋은 식당이었다. 흰 빵과 크로켓, 버터, 겨자 소스가 나왔다. 직접 만든 수프를 먹을 수도 있었다.

우리는 화이트 와인을 주문했고 아이들은 팬케이크와 프리스티(딸기 요거트)나 초콜릿 우유 같은 어린이용 음료를 마셨다.

그사이 태양이 타오르듯 강렬해져서 우리는 햇볕에 탔다. 랑어데이크 사람들은 그렇게 빨리 햇볕에 탄다. 우리 가족은 피부가 좋기로 유명하다.

우리의 사정을 잘 아는 사람은 우리 눈에서 슬픔을 볼 수 있었겠지만, 잘 모르는 사람의 눈에는 단란한 가족으로 비쳐졌을 것이다. 근심걱정 없는 가족. 여름날을 한껏 즐기는 가족. 술을 좀 많이 마시지만 전혀 성가시게 하지 않는 가족. 여성잡지 리벨

르(Libelle)나 비바(Viva)에 등장하는 아주 멋진 가족으로 보였을 것이다. 우리와 같은 가족이 되고 싶어 했을 것이다.

눈부신 하루였다. 우리는 아무 문제도 없는 척, 마치 이 순간이 절대로 지나가지 않는다는 듯, 이 순간을 붙잡으려 애쓰면서 행복해했다. 그러나 하루의 시간을 다 써버렸다. 우리가 바랐던 것보다 더 빨리 써버렸다. 시간은 나쁜 놈이다. 또 다른 하루가 더욱 가까워졌다는 것을 우리 모두는 잘 알고 있었다. 우리는 절대 크게 소리 내어 말하지 않았지만 서로의 눈에서 그것을 보았다.

마르크의 얼굴이 더욱 어두워졌다.

일부가 배를 비우고 나머지가 차에 간신히 타는 동안 나는 마르크와 벤치에 앉아 그들이 일을 다 마칠 때까지 기다렸다. 그는 물끄러미 앞을 바라보고 있었다. 눈에 눈물이 고여 있었다. 그는 아무 말도 하지 않았다.

마르크를 끌어안았다. 몇 주 사이에 몇 번째인지 모를 정도였다. 조심하지 않으면 포옹의 달인이 될 것 같았다. 가족 일부는 서로 포옹을 하고 입을 맞출 때마다 사랑한다고 말했다. 그 말은 우리에게는 그다지 필요하지 않았다. 질척거리기만 해 보일 뿐이었다. 더욱이 우리는 서로가 마음속 깊이 사랑한다는 것을 알고 있었다.

그럼에도 나는 지금 그 말이 필요하다는 생각이 들었다. 또 새로이 할 필요가 있다는 생각이 들었다. 여전히 조금은 낯설지만, 그래도 뭐 어떠랴. 우리는 마음속에 품고 있는 것을 다 표현할 수는 없다. 요컨대 나는 지금 뒤에서 그 말을 하고 있던 것이었다. 마르크는 "빌어먹을"이라고 중얼거리며 "거의 다 끝났어"라고 했다.

나는 그가 오늘이 끝났다고 말하는 게 아니라는 것을 알았다. 그를 더욱 꼭 끌어안았다. 나는 아무 말도 하지 않았다. 마르크는 담배를 피웠다.

스테인베이크에 온 이후 마르크의 몸은 서서히 회복되었다. 서서히 회복된 것은 암스테르담의 아파트 동거인 욥에게 그때까지 화가 많이 난 상태였기 때문이다. 마르크의 전화기는 여전히 고장 나 있었는데 그것은 실제로 바깥세상과의 유일한 연결통로였기 때문이다. 어찌 됐든 페이스북에서 삶은 평소대로 흘러가고 있었다. 페이스북에서는 아기들이 우스꽝스럽게 넘어지고, 솜뭉치 같은 강아지들이 뒤엉켜있고, 사람들이 죄다 외국인들이나 헤이르트 빌더르스(Geert Wilders, 네덜란드의 극우 정치인)를 욕하거나 그날 욕먹어야 할 것에 대하여 악담을 퍼붓고 있었다.

마르크는 페이스북에서는 자신의 세계에 갇힌 정신적 문제를 지닌 알코올 중독자가 아니었다. 페이스북에서는 다른 세상 사람들이 그렇듯 겉치레를 유지할 수 있었다. 페이스북에서 삶은 피상적이었고 피상성이 필요했다. 지금처럼 말이다.

전화기가 없는 마르크는 현재 모습 그대로의 마르크였다. 탈출이 불가능했으며 바깥세상을 향한 창이 없었다.

새 전화기를 장만했고, 흔쾌히 도움을 주는 친절한 암스테르담의 경찰관이 마르크의 남은 소지품을 아파트에서 꺼내 스테인베이크로 가져왔다. 경찰관은 우리와 잠시 커피도 마셨으며 물건을 가져오는 것은 아무런 문제가 되지 않는다고 했다. 우리는 그 경찰관이 매일 맞닥뜨리는 비극이 어떤 종류의 것인지 알고 싶지 않았다. 이런 일은 그에게 아무것도 아니었다. 그는 한술 더 떠 잠깐이지만 좋다고 했다. 장거리 출장을 오고 싶었는 데다 마침 스테인베이크에는 한 번도 와 본 적이 없다고 했다.

"이야, 여기 정말 조용한 동네군요! 이런 한적한 곳이 있다니."

우리는 "맞다"고 했다.

"내가 오는 것을 보고는 사람들이 모두 브레이크를 밟던데요."

그가 소리 내어 웃었다. 우리도 물론 웃었다.

그런 다음 그는 커피를 마시며 두 손을 다리에 얹고 잡담을 나누다가 소파에서 일어나 갈 시간이 됐다고 했다.

"교통체증이 있을지 몰라서요."

그는 우리 모두에게 힘내라고 말했다. 마르크에게는 "평온하게 쉬시기 바랍니다"라고 했다.

평온이 찾아왔다.

마르크는 보살핌을 받았다.

모든 게 좋았다.

2016년 6월 29일

SCEN 소속 의사가 다녀갔다. 오토바이를 타고 왔다. 별개로, 그 모습이 재미있었다. 나는 부모님과 안젤라가 같이 있는 가운데 침대에 누워 내 이야기를 다시 해야 했다.

(……)

의사는 매우 상냥하고 공감을 잘하는 사람이었다. 네덜란드에서는 1년에 14만 명이 사망하는데 그중 5천 명이 안락사를 거친다고 했다. 그 5천 명 중 90퍼센트는 말기암 환자이고 나머지는 내 경우처럼 정신적 문제나 중독을 가진 사람이라고 했다. 정신적 문제를 가진 환자의 경우는 증명하기가 어렵다고 했다. 그러나 과거에 내가 시도해 본 모든 것과 현재 진행 중인 과정 및 최근 몇 달 동안 일어났던 모든 사항을 검토해봤을 때 그 역시도 내가 말기 환자이고 가망성 없는 삶을 살고 있으며 미래의 희망도 없고 대단히 심각한 죽음으로 향하고 있다는 것을 인식하고 있었다.

(……)

명백해졌다. 그 역시도 동의했기에 걸림돌이 없게 되었다. 나는 7월 14일에 떠날 것이다, 사라질 것이다, 꺼져버릴 것이다. 위안을 주고, 평온을 준다. 의심할 여지 없이 과거에도 현재에도 나는 병자다!

(……)

그날 늦게 장례식에 관해 이야기했다. 전부터 이미 명확했지만 이제 더 빨리 다가오고 있어서 최종적인 일들을 확정해야 했다. 안젤라가 일을 많이 맡았다. 그리고 장례관리사가 월요일 저녁에 들러서 절차에 관한 안내를 해주기로 했다. 나는 그 자리에 있고 싶다. 절차가 어떻게 진행되는지 알고 싶다. 마지막 순간까지 여전히 내가 담당해야 할 몫이지만 당연히 부모님과 마르셀, 안젤라의 바람도 의논했다. 좀 편안하게 누울 수 있는 관인지, 또 가능하면 자투리 나무로 만든 소박한 관이기를 바라지만, 그 여부에 관계없이 어떤 관에 눕게 될지 보고 싶다…….

(……)

우리는 얼마 안 가 결국 "불구덩이"로 끝나게 될 나의 편도 여행길을 차를 몰고 갔다. 나는 그 화장터를 알고 있었다. 개장식 동안 한 번 방문한 적이 있었기에 화장이 어떻게 이루어지는지 잘 알고 있었다. 아버지는 화장 후 근처 식당에서 맥주를 한 잔 마시는 것으로 장례절차를 마치겠다고 했다.
그것은 내가 원하는 것이기도 했다…….

(……)

나는 놀랍게도 내내 안심이 되고 기분도 더 좋아지고 더 차분해졌다. 아주 가벼운 마음으로 죽음을 맞이할 뿐 당연히 돌이킬 마음은 없다. 유머는 좋은 것이고 머리를 식히게 해주지만 그 또한 "젠장"이라는 걸 잊지 말아야 한다. 나도 그건 잘 알고 있다.

(……)

얼마 후 나는 사라질 것이다. 얼마 후 나는 홀로 여행을 떠나야 한다.

제 9 화

사람들은 죽기 하루 전날 밤에 무엇을 할까? 아마도 책을 읽거나 시시껄렁한 텔레비전 프로그램을 시청하거나 컴퓨터 앞에 앉아 있을 것이다. 어쩌면 빠르게 달리기를 하거나 개를 데리고 산책을 나갈 것이다. 운이 좋으면 벌거벗은 여자 셋—혹은 남자 셋—과 샴페인이 가득 채워진 욕조에 누워 있을 것이다. 어쩌면 다른 취미를 즐길 수도 있을 것이다. 어쨌든 그것에 대하여 고심하거나 생각에 잠길 문제는 아니다. 언제 죽을지 모르기 때문이다. 적어도 이는 대부분 사람들에게 적용된다. 모르는 자에게 복이 있나니.

마르크는 모르는 자가 아니다.

그는 내일 죽는다.

교통체증에 따라 달라지겠지만 대략 오후 네 시경이다. 안락사를 시행할 의사가 암스테르담에 살고 있기에 정확한 시간을 알 수 없기 때문이다.

안락사 일은 내일이다. 오늘은 7월 13일이다.

나는 오후 2시 18분 기차로 스테인베이크에 도착했다. 아버지가 그러한 것들을 수첩에 잘 적어두기에 알고 있다. 부모님의 자동차가 작은 역 앞에 서 있었다. 과거에는 매표소 뒤에 앉아 있는 역무원에게서 표를 샀었다. 그 후 그곳에는 우체국이 들어섰다. 그러나 우체국도 없어졌다. 지금은 커피와 빵을 살 수 있으며 꽃집이 하나 있다. 길게 말해 무엇하랴.

조수석 문이 휙 열렸다. 마르크였다. 그가 차에 매달린 채 소리쳤다.

"어이, 형씨, 얼른 타!"

그는 큰소리로 막 웃었다.

나는 갖고 온 와인 칼리 하트를 들어 올렸다. 우리가 뉴욕에서 마셨던 와인이었다.

어머니가 운전했다.

우리는 덥다고 했다.

나는 기차 여행이 싫다고 했다.

마르크는 달리 더는 말을 하지 않았다. 꽤 편안해 보였다.

차가 멈춰 선 동안 역에 있는 꽃집 광고판을 보았다. "벱(Bep,

주인 이름)의 꽃꽂이 예술." 그 밑에는 "요람에서 무덤까지 특별한 꽃꽂이"라는 문구가 있었다.

나는 그 문구가 늘 비참하다고 생각했다. 지금은 더욱더 그렇다.

내가 눈썹을 찌푸린 것을 보자 마르크는 입가에 냉소적인 모습을 지어 보이며 말했다. "기억은 남는 거야, 형씨."

나는 씁쓸하게 웃었다.

마르크가 말했다. "다행히도 우리에겐 사진이 있잖아! 완전 진부하긴 하지!" 그러면서 크게 소리 내어 웃었다. 얼마나 크게 웃었는지 기침이 나올 정도였다. 그는 담배를 피웠다. 머리는 언제나 그랬던 것처럼 뾰족하게 솟아있었다 .

살 시간이 24시간 남아 있다면 무엇을 할까. 많은 것을 할 수는 없으리라. 아버지가 장어를 구해왔다. 위르크(Urk, 어촌 마을)산의 기름진 장어였다. 위르크는 장어로 유명한 곳이다. 우리는 장어를 다 먹었다. 예네이버도 한 잔 마셨다. 마르크는 외할아버지가 쓰던 잔으로 마셨다. 외할아버지는 새파랗게 젊은 나이에 돌아가셨다. 우리는 조금 소리 내어 웃었고, 조금 이야기를 나누었으며, 예네이버 진을 마셨고, 옛날 사진을 보았고, 장어를 먹었다. 우리는 정원에 앉아 있었다. 태양이 이글거렸다. 참새와 찌르레기가 요란하지만 흥겹게 지저귀었다. 그 소리는 배경 음악으로 어울리지 않았다.

그래서 아버지는 피아니스트 욥 베빙(Joep Beving)의 음반을 틀었다. 수염이 텁수룩하게 난 욥의 음반은 잘 표현된 멋진 음반이었다. 우울하지 않다면 나도 한번 악보를 만들고 싶다는 생각이 들 정도로 멋진 음반이었다. 더욱이 마르크는 아직 죽지 않았고, 우리는 지금은 울고 싶지 않았다. 차라리 현실을 외면하고 싶었다. 차라리 내일 벌어질 일이 사실이 아닌 척하고 싶었다.

그러나 그것은 사실이었다.

떠나버리고 싶었다. 이미 다 끝났으면 했다. 이러고 싶지 않았다.

까르레인에게서 전화가 왔다. 어떻게 있냐고 물었다. "뭐, 잘 있어"라고 말했다. 물론 거짓말이었다. 하지만 달리 무슨 말을 할 수 있을까? 까르레인은 그날 정확히 두 달 된 사미와 함께 집에 있었다. 그녀는 마르크를 다시는 볼 수 없을 것이다. 사미가 뒤에서 옹알거리는 소리가 들려왔다.

마르크가 물었다. "까르레인이야?"

고개를 끄덕였다.

"사랑한다고 전해줘."

나는 까르레인에게 마르크가 잠시 이야기하고 싶어 한다고 말하고는 전화기를 마르크에게 넘겼다.

"안녕, 레이논스." 마르크가 말했다.

침묵이 흘렀다.

"맞아요, 미친 것 같죠? 엉망진창이에요."

침묵이 흘렀다.

"괜찮아요. 무슨 말을 해야 할지 모르는 거. 최근에 많은 사람들이 그랬어요. 너무 어렵게 생각하지 말아요. 다 잘 될 거예요. 그래, 꼬맹이는 어때요?"

침묵이 흘렀다.

"좋아요. 그건 그렇고, 우리 형 잘 돌봐줄 수 있는 거죠? 그래? 좋아요. 그래, 맞아, 행운아예요. 다음에 볼 때까지 잘 지내세요, 우리 그렇게 말할까요? 그래, 맞아요, 혹시 모르죠. 고마워요. 안녕, 레이논스. 그럼, 안녕."

전화기를 돌려받았다.

까르레인은 울고 있었다. 그녀가 나누었던 전화 통화 중 가장 기이한 통화였다고 말했다. 초현실적이고, 미친 것 같고, 섬뜩하고, 끔찍하고, 그리고 너무너무너무 슬펐던 통화였다고.

우리는 전화를 끊었다.

마르크는 그렇게 느끼는 것 같지 않았지만, 그렇지 않다고 항

변하기에는 몹시 지쳐있었기에 잠시 잠을 자야 했다. 오후로 막 넘어가던 참이었다. 버튼을 눌러서 위아래로 높이를 조절할 수 있는 병실침대로 데려갔다. 가정방문 간호기관의 간호사들이 마르크가 스테인베이크에 돌아온 지 이틀 후에 그 침대를 가져다 놓았다. 그들은 침대를 창문 앞에 놓았기에 밖을 내다볼 수도 있고, 정원도 볼 수 있었다.

"그래, 이게 내가 죽을 침대란 말이지." 마르크가 말했다.

어머니는 마르크에게 이불을 덮어 주고 잠시 옆에 앉아서 "잘 자라, 얘야"라고 말했다. 마르크는 1분도 안 돼 부두 노동자처럼 코를 골았다.

나는 아버지와 산책하러 나갔다. 아버지는 노인인데도 계속해서 성큼성큼 걸었기에 간신히 따라갈 수 있었다. 어린 닭처럼 팔팔해서 경주용 자전거를 타고 1년에 2천 킬로미터를 여행할 정도로 아버지는 강골이었다.

우리는 말을 거의 하지 않았다. 다만 이 일이 어떻게 진행되고 이후에는 어떻게 될까에 대해 잠자코 생각했다. 아버지는 오나서 도트거리(Onnase Doodweg)를 따라 산책했다. 평소 자주 걷는 길이었다. "나중에 내가 죽고 나면 여기에 재를 뿌리려무나. 이 나무들 옆에다." 나는 아버지에게 당분간 돌아가실 일 없으니 그런 소리 그만하고 평소대로 하라고 말했다.

우리가 집에 돌아왔을 때 마르크는 다시 잠에서 깨어 있었다. 초조하고 우울해 보였다. 죽는 것 때문이 아니라 아들들이 곧 오기 때문이라고 했다. 그 만남을 두려워하고 있었다. 아이들을 마지막으로 볼 수 있는 차례였다. 아이들은 아빠가 몹시 아프다고는 알고 있었지만 다음 날 이 세상에 더는 있지 않을 거라는 것은 알지 못했다.

마르크의 전처가 아이들을 데려왔다.

아이들은 소파로 가서 아버지 옆에 앉았다. 아이들은 학교에 관하여, 컴퓨터에 관하여, 막내아들이 비어리번 호수에서 배를 타고 여행하는 동안 찍은 사진에 관하여 이야기했다. 아이들은 사진 앨범까지 만들어 왔다. 사랑스러운 아들들이었다.

만남은 한 시간으로 충분했다. 시간을 지체하는 것은 의미가 없었다. 일생을 한나절에 모두 다 구겨 넣을 수는 없는 법이다.

"이제 아빠한테 인사해야지." 마르크의 전처가 말했다.

마르크의 눈에서 눈물이 흘렀다. 그는 눈물을 삼키려고 애썼다. 눈물은 멈추지 않았다.

아이들은 오직 어린아이들만이 바라볼 수 있는 커다란 눈망울로 마르크를 보았다.

"꽃가루 알레르기 때문이야." 마르크가 말했다.

"아니야"라고 막내아들이 말하고는 그의 무릎 위로 기어올랐다. 그들은 서로 꼭 끌어안았다.

나는 더는 앉아 있을 수 없었다. 자리에서 일어나 애써 눈물을 이겨내며 정원으로 갔다.

마르크의 전처가 문 옆에 서서 말했다. "얘들아, 이리 와. 얼른, 이리 와."

그들이 왔다.

그들이 간다.

"안녕, 아빠." 아이들이 말했다.

"안녕, 얘들아." 마르크가 말했다.

"그럼, 이만 안녕." 전처가 전남편에게 말했다.

자동차가 진입로를 빠져나가는 동안 마르크는 잠시 손을 흔들었다. 그리고는 무너졌다. 그는 울부짖으며 "빌어먹을"이라고 말하며 온몸을 바들바들 떨며 콧물을 줄줄 흘렸다. 그리고 다시 한번 "빌어먹을"이라고 말했다. 어머니는 욕설하는 것을 좋아하지 않았지만 오늘은 욕설을 퍼부어도 되는 날이라고, 나는 생각했다. 어머니는 아무 말도 하지 않았다.

여동생이 마르크를 붙잡고 정원으로 데려가 맥주를 한 병 주었다.

그는 맥주를 책망하며 입으로 저주를 퍼부었으나 발작을 멈추게 하려고, 고통을 마비시키려고, 아주 조금이지만 마셨다.

그는 울고 또 울었다.

저녁이었다.

다행히도 햇살이 오래 비치고 있었다. 여름에 죽는 것은 행운이다. 평화가 돌아왔다. 마르크는 더 이상 울지 않았고 다시 짓궂은 농담을 하며 맥주를 마셨다. 나는 다시 까르레인에게 전화를 걸었고 다시 사미가 뒤에서 옹알거리는 소리를 들었다. 집에는 아무 일도 없었다. 염려할 필요가 없었다. 그들이 보고 싶었지만, 그들이 여기 있지 않아서 기뻤다.

우리 다섯은 정원에 있었다. 부모님, 마르크, 안젤라, 나 이렇게 다섯이었다. 갑자기 피곤이 훅 몰려왔다. 나는 무엇보다도 잠자고 싶었다. 그런 생각이 든다는 게 참으로 이상한 일이었다. 동생이 죽기 하루 전날 밤 10시에 자러 가고 싶다는 생각이 들다니. 머리가 지끈거리며 귀가 윙윙 울렸다. 마르크를 바라보았다. '내일이면 떠나는구나. 내일이면 모든 게 끝나. 하룻밤만 지나면 다신 너를 볼 수 없겠지'라는 생각만 가득했다.

우리는 좀 더 얘기를 나누며 때때로 웃기도 했다. 옛날 사진을 더 보고 당시 모습을 보며 킬킬거렸다. 촌스러운 머리 모양과 알록달록한 스웨터를 입은 꼴하고는. 나중에 찍은 사진에는 커다란 체크무늬 셔츠를 입고 군화를 신고 있었다. 우리는 너바나(Nirvana, 미국 록밴드)와 펄 잼(Pearl Jam, 미국 록밴드)의 팬이었고 콘서트에도 갔었다. 마르크는 기타를 연주했지만, 나는 기타를 연주할 만한 인내심이 없었다. 우리는 젊었고 호리호리했지만 근육질이었으며, 재미있는 일이 널려 있었고, 삶이 전혀 나쁘지 않다고 생각했었다. 잘 살 거라고 우리는 확신하고 있었다. 앞날이 창창했었다. 적어도 백 살까지 살 거라 생각했었다.

우리는 밤 12시 조금 넘어서까지 잠을 안 자고 버텼다. 부모님은 벌써 2층으로 올라갔다. 그분들은 꼬박 한 달 동안 기나긴 밤을 대화에 집중하느라 지칠 대로 지쳐있었다. 아마 자식을 잃을 것을 아는 것만으로도 지쳐 있었으리라.

"내일 보자, 얘들아." 부모님이 말했다. "잘 자거라."

부모님은 이 생활을 어떻게 계속했을까? 몽롱한 상태에서 앉아 있었을 거라는 생각이 든다. 자동조종장치처럼 살았을 것이다. 너무 많이 생각하지 않거나, 아니면 아예 생각하지 않는 것을 더 선호했을 것이다. 깊이 생각하면 미쳐버릴 수 있기 때문이다. 하지만 어떻게 그럴 수 있겠는가? 아들이 죽는다는 것을 아는데 어떻게 억지로 생각을 금할 수 있겠는가? 나로서는 도저히 답이 안 나오는 것이었다. 또한 물어볼 용기도 없었다. 부모님을 자동조종장치에서 떼어놓아 몽롱한 상태에서 깨어나게 하면 무너지지 않을까 두려워서였다. 나는 동생은 잃을 테지만 부모님은 가능한 한 오랫동안 지키고 싶었다.

마르크와 나는 술을 한 잔 더 마셨다. 안젤라는 그사이 자러 들어갔다. 사실은 나도 버틸 수 없었지만 억지로 버텼다. 오늘은 그의 마지막 밤이다. 나의 마지막 밤이 아니다. 나는 내일 밤에도 여전히 살아 있지만, 그는 아니다.

우리는 담배를 또 한 대 피웠다. 나는 담배를 피우지 않지만 그 순간만큼은 중요하지 않았다. 그렇게 하는 것이 맞고, 그렇게 해야 했다. 나는 더 이상 무슨 말을 해야 할지 알지 못했다. 마르크는 내 동생이었다. 나와 함께 자란 녀석이었다. 여러분이라면 지상에서 마지막 밤에 접어드는 여러분의 동생에게 뭐라고 할까? 잘 자라고? 좋은 밤 되라고? 참으로 어리석고 우습게 들린다. 참으로 순진하고 의미 없는 말이다.

"우리 자러 갈까?" 내가 말했다.

"음, 그러자." 마르크가 말했다.

마르크는 눕자마자 잠이 들었다. 나는 그날 밤 임시 침대인 소파에서 뜬눈으로 누워 있었다. 소파는 너무 작았고 베개는 너무 딱딱했으며 담요는 너무 더웠다. 피곤하고 멍하고 가슴이 찢어지는 데다 등이 아파서 잠을 이룰 수 없었다.

마르크를 바라보았다.

부모님이 그날 밤 두고 간 작은 램프의 창백한 불빛 아래, 저기 내 동생이 누워 있었다. 마르크는 밤을 지독히 싫어했고 어둠을 두려워했다. 밤에는 모든 것이 더 나빠진다고 언젠가 말한 적이 있다. 그가 옳았다. 밤은 적이다. 열여덟 살이 아닌 한 레드 불(Red Bull)을 마시거나 함께 간 친구들을 "손님"이라 부르는 선정적인 클럽에서 여자들과 함께 환호한다면, 그런 밤은 친구이다.

마르크는 어떻게 저렇게 잠이 들 수 있을까? 내 뱃속에 스트레스와 슬픔과 비극이 단단한 공처럼 뭉쳐있다면, 그의 뱃속도 똑같아야 하지 않을까? 마르크는 등을 대고 누워서 다리를 위로 올리고 있었으며, 움찔움찔 움직임이 많았다. 나는 그저 그의 꿈, 그의 마지막 꿈이 즐거운 종류의 것이기를 바랐다. 선정적인 나이트클럽에 가서 미친 듯이 춤을 추고 여태껏 한 번도 해본 적 없던 것을 하는 꿈이기를 바랐다.

새벽 3시가 되었다. 나는 그때까지도 눈을 붙이지 못했다. 마르크는 계속 잠을 잤지만 점점 불안한 모습을 보였다. 그가 침대한쪽으로 몸을 계속 밀었다. 나는 일어나 안쪽으로 밀었다. 그렇지 않으면 바닥으로 떨어질 것 같았기 때문이다. 그런 일은 이미 일주일 전에 한 번 일어났었다. 밀어내느라 고생했다. 그렇게 가벼운 사람치고는 버거웠다.

새벽 4시에서 6시 사이쯤 잠이 든 것 같았다. 짧고 불안한 잠이었다. 머리가 뜨겁고 눈이 따갑고 눈물이 흘렀다. 피곤한 데다 신경이 날카로운 상태였다. 따뜻한 욕조에 눕고 싶었다. 집에 가거나 그냥 아무 데고 가버리고 싶었다. 어디든지 여기보다는 나을 것 같았다.

6시 반에 아버지가 내려왔다. 아버지의 머리칼은 곤두서 있었고, 얼굴엔 주름살이 잡혀 있었지만, 오늘을 위한 준비가 된 것처럼 보였다. 활기찼으며 눈은 어딘지 맑아 보였다. 생존 메커니즘이라는 생각이 들었다. 그것이 바로 자동조종장치인 것이다. 그밖에 뭐가 필요할까? 절규하고 울부짖으며 집 안을 돌아다닌다고 해서 마음이 편해지지는 않을 것이다. 설령 절규하고 울부짖고 싶더라도 말이다.

마르크도 잠에서 깨어나더니 아침 인사 같은 말을 중얼거렸다. 아버지는 보드카를 한 잔 가득 따르고는 진정제인 옥사제

팜 두 알을 함께 마르크에게 주었다. 지난 몇 달 동안 매일 아침 그렇게 했던 것처럼. 이번이 마지막이었다. 모든 것이 오늘이 마지막이었다.

마르크는 다시 알아들을 수 없는 말을 중얼거리며 보드카를 꿀꺽꿀꺽 마시고 알약을 삼키고 카멜(Camel) 담뱃갑을 쥐고 발을 질질 끌며 밖으로 나갔다. 나도 같이 나갔다.

우리는 뒷문 옆에 있는 다소 낡은 벤치에 앉았다. 밤에도 온도는 거의 내려가지 않았다.

2016년 7월 14일, 오늘은 내 동생이 죽는 날이었다.

"내 마지막 아침이네." 마르크가 말했다. "내일 태양이 떠오르면 나는 이제 이 세상에 없을 거야."

우리는 담배를 피웠다.

"더 이상은 고통이 없을 거야, 마르크. 이제 더는 없을 거야."

마르크가 고개를 끄덕이며 말했다. "그래, 맞아. 그리고 우리에겐 다행히도 사진이 있잖아."

우리는 그 말에 더 이상 웃지 않았다.

그는 카멜 담배를 필터까지 다 피우고는 곧바로 새 담배에 불을 붙였다.

"아직 두 갑이 더 있어. 오늘 다 피워야 해. 안 그러면 죄야."

내가 나머지를 다 피워버리겠다고 했지만 마르크는 그건 안 된다고 했다.

"흡연은 나쁜 거야, 형씨. 그리고 절대 과음하면 안 돼. 아버지도 마찬가지야. 그렇게 하면 안 돼, 알겠지? 정상적으로 해. 계속 살아가야 하니까."

나는 약속했다.

"아직 여덟 시간 남았네." 마르크가 말했다.

2016년 7월 5일

저녁에 장례관리사가 찾아왔다. 좀 이상한 생각이긴 하지만 나는 모든 과정을 알고 싶고, 감정은 별로 드러내고 싶지 않다. 언제나 그렇듯 농담을 좀 던지기도 한다. 때때로 그러한 농담은 좀 기이하게 들려서 사랑하는 사람들이 힘들어할 수 있지만 그것이 내가 나의 불행을 다루는 방식이다.

(……)

아우디나 폭스바겐, 또는 볼보 카탈로그에서 차를 고르는 대신 오늘 밤에는 관을 골랐다. 아무거나 상관없었다. 그래서 그냥 기본 모델을 골랐다. 멋지고 단순한 것으로 안에 매트리스와 베개가 들어있다. 왜 그런지 이해할 수 없다. 나는 보통 딱딱한 바닥에서 잠을 자기 때문이다. 관 안에서는 글을 쓰거나 그림을 그릴 수도 있다.

(……)

나는 이제야 정확히 어떻게 진행될지 알게 되었으나 내가 얻는 것은 아무것도 없다. 그 점이 실제로 마음에 안 드는 유일한 것이다. 우리는 모든 일이 어떻게 진행되는지 의논했지만 나는 더 이상 파티 내내 아무것도 얻지 못한다.

(……)

나중에 머릿속에서 이상한 느낌이 들었다. 어떤 팔푼이가 자신의 장례에 관해 그렇게 술술 이야기할까? 내가 그 팔푼이다! 나는 언제나 유별난 인물이었고 마지막까지 그런 인물로 남을 것이다. 무덤까지 농담을 던질 것이다. 우울증과 불안은 엿이나 먹어!

제 10 화

11시 반에 초인종이 울렸다. 대원 두 명이 반갑게 "안녕하세요"라며 쾌활하게 거실로 들어왔다. "약물 투여 장치를 설치하겠습니다." 한 명이 이야기하며 자신 앞에 있는 다섯 명에게 누가 맞을 거냐는 듯 쳐다보았다. 마르크가 손을 들었다. "접니다."

마르크는 말쑥해 보였다. 충분히 자고 난 뒤였다. 아버지는 그날 아침 일찍 샤워를 도와주었다. 샤워를 도와주는 것은 오늘까지, 그렇다, 딱 오늘까지다. 마르크가 죽은 후에는 씻겨줄 필요가 없기 때문이다. 대단히 현실적이다. 그는 "보기 좋고 말쑥하게 관에 들어갈 수 있었다." 그리고 만약 우리가 원하기만 하면 두 팔을 가슴에 포개놓는 대신 양 옆구리에 가지런히 놓을 수도 있다고 했다. 마르크는 팔을 가슴에 얹은 모습이 늘 너무 애잔해 보인다고 여겼다.

우리는 두 팔을 양 옆구리에 가지런히 놓겠다고 했다.

대원들이 일을 시작했다. 마르크에게는 보통 있는 일이었다. 이미 몸에 수도 없이 주사를 맞았기 때문이다.

이것은 마지막 주사이다. 우리가 하는 모든 것마다 마지막이라는 생각이 반복적으로 들었다. 마르크도 그렇게 생각했을지는 모르겠다. 그러나 그에게 물어볼 용기가 없었다.

"자, 오시죠." 대원이 말했다.

그런 다음 "왜 약물을 투여받는지 물어봐도 되겠습니까? 우리는 약물 투여 장치를 준비시켜야 한다는 것만 알고 있지 그 이상은 몰라서요."

"제가 조금 후에 죽어서요." 마르크가 짧게 설명했다.

대원들의 얼굴이 굳어졌다. 거실이 조용해졌다. 약물을 투여할 준비를 마쳤다. 나중에 마레거 의사가 주사기로 투여하기만 하면 되는 것이었다.

대원들은 우리에게 용기를 잃지 말고 힘내라고 했다. 나는 많은 사람들이 죽는 자에게 대단히 친절하다는 것에 주목했다.

조금 지나서 사촌이자 마르크의 가장 친한 친구인 프랑크가 왔다. 프랑크는 항상 마르크를 찾아왔고 항상 연락을 해왔다.

건너편에 사는 이웃 여자가 수프와 빵을 만들어 놓았다. 어머니가 그녀의 집에서 커다란 냄비를 갖고 왔다. 미트볼이 들어 있는 토마토 수프였다. 롤빵이 담긴 접시도 있었다. 참 이상하게도 우리 모두 배가 고팠다. 우리의 삶이 그 음식에 달리기라도 했다는 듯 우리는 게걸스럽게 먹었다. 바깥에서, 햇살을 받으며 먹었다.

한 시가 조금 더 지나서 다 먹었다.
"두 시간 더 남았네." 마르크가 말했다. "저 와인 다 마시자. 지금은 마실 수 있으니까."
나는 미국산 샤르도네를 집어 들었다. 30달러짜리 와인이지만 최종적으로 330달러를 지불했다. 페덱스 배송이 무료가 아니라는 사실을 와인이 이미 발송된 후에야 알게 되었다. 200유로만 더 지급하면 내가 직접 뉴욕에 가서 가져올 수 있었다. 쓸데없는 생각이다. 중요한 것은 그 와인을 사야겠다고 생각한 것, 내 마음을 표현한 것이었다. 그 사실을 말하자 어머니는 페덱스에 분노했다. 사실 우리 모두 그랬다. 아마 슬퍼하는 대신 분노하는 것이 나았기 때문이리라.

아름다운 곳에서 마시거나 먹는 모든 것이 다 그렇다. 즉, 그런 곳에서는 항상 집보다 맛이 더 좋다. 휴가지에서 만난 여자친구를 집으로 데려와서는 안 된다. 그 와인의 경우도 마찬가지였다. 다가오는 내 동생의 죽음에는 어떠한 도움도 되지 않았다.

마르크는 짓궂은 농담을 던지면서 요 며칠 동안 보다 더 많이 마셨고 줄담배를 피웠다. 피부는 그을렸고 몸은 느리게 움직였다. 두 눈은 작아지고 눈물이 고였다.

나는 손에 땀이 나고 초조해졌다. 모든 것이 다 끝나기를 바라는 동시에 끝나지 않기를 바랐다.

정말로 안락사를 할까?
마지막 순간에 이 단계를 포기하지는 않을까?
죽음 이후에는 무엇이 있을까?
아무것도 없을 것이다, 당연히, 아무것도.

2시 반에 다시 초인종이 울렸다. 샌더 목사였다. 마르크가 부모님의 지인인 목사를 부른 게 틀림없다. 사후세계는 아무도 모르는 일이다. 우리는 개신교 가정에서 신앙교육을 받으며 자랐기에 이는 당연한 일이었다. 우리는 근본원리가 탄탄했고 침례까지도 받았다. 저 위의 세상에 무언가가 있다면 우리는 귀빈석에 앉거나 최소한 우선권을 가질 것이다.

마르크는 결혼식도 교회에서 올렸다. 그가 교회를 다시는 가지 않은 것과 신앙과 관계된 어떤 것도 하지 않았다는 것은 더 이상 중요하지 않았다. 그사이 부모님이 신앙에 대하여 더는 확신을 갖지 못하였다는 것은 차라리 좀 절제된 표현이다. 하나님은 존재하지 않는다는 것을 우리는 벌써 알고 있었다.

그분이 저 구름 위에 있다면 고인이 된 지상의 위대한 사람들과 함께 아래를 내려다보며 자신의 창조물이 급속하게 능욕당하고 죽임당하고 파괴되는 것을 보고 있었을 것이다. 그분은 존재하지 않았다.

그러나 "무언가"가 있을 수도 있다. 모르는 일이다. 어쨌든 그 반대가 증명된 적이 없으니 말이다. 그래서 마르크는 "모험 없이는 얻는 것도 없다"고 생각했을 것이다.

샌더 목사는 친절했다. 대머리에 안경을 쓴 60대 언저리 노인이었다. 레드 제플린(Led Zeppelin, 영국 록밴드)과 트리펠 카르멜리엇(Tripel Karmeliet, 벨기에 맥주)을 아주 좋아했는데 마르크는 그 점에 후하게 점수를 주었다. 샌더 목사는 또한 사람들을 개종시켜 영혼을 구원한다는 부류의 목사가 아니었다. 그는 최근 몇 주 동안 정기적으로 들렀다. 마르크의 이야기에 귀 기울였고 공감했다. 그 덕에 마르크는 차분해졌다. 샌더 목사에게 잘못된 점은 아무것도 없었다.

아버지는 안에서 샌더 목사와 조용조용한 말투로 이야기를 나누었다. 우리는 밖에 앉아 있었다. 나중에 마르크가 죽은 뒤,

샌더 목사는 "내가 사정을 잘 몰랐더라면 우리가 파티를 열고 있는 줄 알았을 거"라고 말했다. 분명 그렇게 보였을 것이다. 햇볕에 그을린 흥겨운 한 무리의 사람들은 쾌활했다. 테이블 위에는 와인이 놓여 있었고, 사람들은 담배를 피웠고, 짓궂은 농담을 했고, 햇살이 비쳤고, 날씨는 따뜻했다. 많은 사람들이 여름날 오후를 즐기는 것처럼 우리도 이전에 자주 즐겼던 식의 한여름 오후였다.

3시 5분이었다. 초인종이 울리자 정원에 있는 사람들이 모두 그 자리에서 얼어붙었다. 드디어 오고야 만 초인종 소리였다. 구역질이 나올 것만 같았다. 겨드랑이와 손과 온몸이 땀에 젖었다. 두려움으로 생기는 땀이라는 생각이 들었다. 나는 지금 어딘가 다른 곳에 있었으면 했다.

마레거 의사였다. 아버지가 문을 열었다. 마르크는 그녀에게 푹 빠져 있었다. 우리는 그것을 알고 있었고 그는 최근 몇 주 동안 그 말을 더욱 자주 반복했었다. 그녀는 그를 정말로 이해하는 "몇 안 되는 사람 중 한 명"이었다.

그녀는 검은 원피스를 입고 흰 운동화를 신었다. 얼굴은 부드러워 보였고 목소리는 상냥했다. 나는 마르크가 이해가 되었다. 그들은 멋진 한 쌍이 되었을 수도 있었을 것이다. 그러나 지금 그녀는 내 동생을 죽이러 온 여자였다. 연애하기에 좋은 출

발점이 아니다.

마레거 의사는 모든 사람들에게 자신을 소개한 후 이렇게 말했다. "바깥에 앉을까요?"

마레거 의사는 물을 한 잔 청하고는 "네, 물맛이 좋군요. 잘 마셨어요. 이제 어떻게 진행될지 설명할게요. 괜찮지요?"라고 했다.

모두가 고개를 끄덕였다.

우리는 더 이상 웃지도 않았고 더 이상 아무 말도 하지 않았다. 드디어 시작되었고, 그 순간이 왔으며, 바로 지금이었다.

마레거 의사는 마르크가 침대에 누워 있어야 한다고 했다. 그래야 마음의 평정을 유지하고 놓아버릴 수 있다는 것이었다. 놓아버리는 것, 그것이 중요하다고 했다. 갈등하지 말고 마음의 평정을 유지해야 하며 침착하게 호흡하고 오늘 죽을 거라는 사실을 받아들여야 한다고 했다.

그녀가 말했다. "더 진행하기 전에 마르크 당신이 정말로 안락사를 바라는지 물어보겠습니다. 정말로 안락사를 하고 싶습니까? 당신이 오늘 오후에 죽는다는 것을 분명히 알고 있습니까?"

마르크는 고개를 끄덕이며 눈썹 밑으로 거의 창피하다는 듯 그녀를 바라보며 말했다. "네."

마레거 의사는 계속 설명했다.

첫 번째 주사에는 식염수가 함유되어 있으며, 두 번째 주사는 수면제라고 했다. "여러 사례에 비추어 보면 이것으로 충분합니다." 하지만 마르크는 심장이 튼튼하기에 그 다음 주사가 그를 죽게 할 터였다. "그 주사는 심장을 멎게 합니다." 그녀가 말했다. 상당히 건조하고 무뚝뚝한 말투였다.

나는 울기 시작했다. 부모님도 울고 있었다. 마르크까지 포함하여 사실상 모두가 울고 있었다. 마르크는 무서워서가 아니라 우리가 우는 것을 보면서 울음이 나왔기 때문이었다. 나는 울고 싶지 않았으나 저절로 울음이 나왔다. 그 말이 너무나 명백하고, 현실적이고, 냉정하고, 확정적으로 들렸다. 마치 그때서야 비로소 내 동생이 몇 분 후에 죽게 된다는 사실을 깨달은 것처럼.

죽음. 파탄. 공허. 파멸. 부재. 영원.

마레거 의사는 우리에게 눈길을 주지 않았다. 그녀는 마르크가 앞으로 무슨 일이 벌어지는지를 100퍼센트 이해했는지 확인하고 싶어 하는 눈빛으로 그를 탐문하듯 쳐다보았다.

우리는 잠시, 조용히, 아무것도 기다리지 않는 채로 앉아 있었다. 이 모든 일이 끔찍한 악몽이고 금방 깨어나길 바라는 마음이었다.

그러나 마레거 의사가 말했다. "마르크, 우리 이제, 가실까요?"

마르크는 마지막 화이트 와인 잔을 흔들어 마시고 자리에서 일어났다.

우리는 영화에서 사람들이 하는 것처럼, 그리고 우리가 이전에 합의한 것처럼, 담배를 한 대 더 피우려고 했다. 그래서 나는 담배에 불을 붙였다. 꼭 프랑크처럼 말이다.

"마르크, 우리 담배 한 대 더 피워야지?" 내가 말했다.

"아니." 마르크가 말했다. "난 지금 죽어가는 중이야."

나는 나 자신이 끔찍한 놈으로 느껴지며 카멜 담배 마지막 한 모금을 빤 뒤 재떨이에 던지고 안으로 들어갔다. 내 몸 안의 모든 섬유조직이 긴장했고 생각은 뒤죽박죽이었으며 티셔츠는 땀에 흠뻑 젖어 있었다.

3시 반이었다. 마르크는 침대로 가서 누웠다. 그는 "덜 사용한(USE LESS)"인지 "쓸모없는(USELESS)"인지, 어쨌든 그런 문구가 적힌 티셔츠를 입고 있었다. 자기 자신을 잘 알고 있다는 듯이 말이다. 아랫도리로는 청바지를 입었고, 그 아래에는 뱀가죽으로 만든 요란한 소리가 나는 제프리 웨스트(Jeffery-West) 상표의 끝이 뾰족한 구두를 신고 있었다. 마르크 자신처럼 "불구덩이에 들어갈" 구두였다.

우리는 침대 주위에 섰고 샌더 목사가 성서를 읽었다. 마르크와 어떤 구절을 읽을 것인지 미리 의논한 상태였다. 목사는 시편을 읽었으며 마르크와 우리를 위해 기도했다. 하나님이 그를 받아주는 그런 내용이었다. 나는 기도하지 않았지만 얼마나 두 손을 꽉 쥐었는지 얼얼할 정도였다. 그러는 사이 나는 주님이 존재해서 마르크를 받아주고 마르크를 어여삐 여기기를 바랐다. 심장이 걷잡을 수 없이 뛰었다.

기도를 마친 뒤 우리는 울었다. 마레거 의사가 이별 인사를 할 시간이라고 말했다. 그녀는 우리에게 공간을 터 주려고 한 발짝 뒤로 물러났다. 아버지가 먼저 갔고, 그다음에 어머니, 그리고 안젤라, 그리고 나, 그다음에 프랑크 순으로 갔다. 우리는 마르크에게 사랑한다고, 다 괜찮아질 거라고, 서로 잘 보살필 거라고, 언젠가 다시 만날 거라고 말했다.

나는 귀에 대고 속삭였다. "내가 엄마 아빠 잘 모실게. 걱정하지 마, 이 녀석아. 잘 가렴. 이만 보내줄게. 사랑한다."

마르크는 울면서 아무 말도 하지 않았다. 그의 눈은 작았지만 그 안에서 가늠할 수 없는 슬픔을 볼 수 있을 만큼 컸다. 살고 싶었지만 살 수 없었던 한 남자의 눈빛이었다. 아무리 열심히 애썼어도 질병을 극복할 수 없었던 한 남자의 눈빛이었다. 나는 마지막으로 마르크를 꼭 끌어안고 뺨에 입을 맞추었다.

삶이 그렇게 끔찍하지 않았다면 좋았을 텐데…….

우리는 마레거 의사에게 가까이 오라고 했다.

아버지가 마르크의 머리에 손을 얹고 있었고, 어머니와 여동생이 손에, 나와 프랑크가 다리에 손을 얹고 있었다. 샌더 목사는 지켜보고 있었다.

마레거 의사가 말했다. "마음 편하게 가지세요, 마르크. 이제 다 내려놓으세요." 그런 다음 다시 한번 말했다. "이렇게 하기를 바란다는 것을 100퍼센트 확신합니까?"

나는 머릿속에서 '안 돼'라고 소리치고 있었다.

마르크는 작은 소리로 "네"라고 했다.

호흡이 빨라지기 시작했다. 공황발작이 시작되는 것처럼 보였다. 순간 내 머릿속에는 이런 생각이 번개처럼 스쳤다. '거봐. 넌 바라지 않잖아. 괜찮아, 넌 실수하고 있다는 걸 깨달았어. 죽음은 결코 해결책이 아니야. 안락사는 쉽게 할 수 있는 게 아니야. 난 알고 있었어, 알고 있었단 말이야.'

"진정하세요, 마르크." 마레거 의사가 말했다. "진정하려면 무엇이 필요한가요?"

"화장실에 가야 해요." 마르크가 속삭였다. "오줌이 마려워요."

"그럴 필요 없어요. 정말로 그럴 필요 없어요." 마레거 의사가 말했다.

"그럴 필요 없단다. 아들아." 어머니가 다정하게 말했다.

죽기 직전의 순간에 있는 동생이 잠시 작고 사랑스러운 어린 아이처럼 오줌이 마렵다고 했다……. 갑작스럽게 던진 그 말은 상상도 할 수 없는 슬픔을 복받쳐 오르게 해서 견딜 수가 없었다. 숨이 막혔다. 그것은 내가 전에 느껴본 적이 없었던 슬픔, 말문을 막는 슬픔, 육체적으로 아픔을 주는 슬픔이었다. 눈두덩이에서 눈동자를 긁어 파는 슬픔, 머리에서 머리칼을 잡아 뜯는 슬픔이었다.

나는 소리치고 울부짖고 절규하고 때려 부수고 싶었지만 아무것도 하지 않았다. 그저 조용히 울면서 마르크의 앙상한 다리를 어루만졌다.

마르크의 호흡이 진정되었다. 3시 50분이었다.

마레거 의사가 말했다. "이제 첫 번째 주사를 놓겠습니다."

그녀는 첫 번째 주사를 천천히 밀어서 비웠다. 아주 살살 천천히.

나는 그 자리를 벗어나고 싶었다. 사미에게 가고 싶었다. 바깥으로 나가고 싶었다. 벽을 주먹으로 치고 싶었다. 이 모든 것을 보고 싶지 않았고, 이 모든 것을 겪고 싶지 않았다. 왜 이런 일이 일어났을까? 왜 우리는 이런 일을 겪어야 할까?

마르크가 몸을 떨기 시작했다. "너무 추워요." 그가 간신히 속삭였다.

우리는 담요를 덮어주었다. 그러나 도움이 되지 않았다.

"진정하세요. 마르크, 진정하세요." 마레거 의사가 두 번째 주사를 동생의 몸에 밀어 넣어 비우면서 말했다.

마르크의 눈동자가 즉시 위로 돌아갔다. 그는 한숨을 푹 쉬면서 온몸을 떨었다. 딱 한 차례였다.

마지막 숨이었다.

마레거 의사는 세 번째 주사를 비웠다.

낯빛이 즉시 변하며 혈색을 잃고 푸르스름해졌다.

마르크는 떠났다.

3시 55분이었다.

내 동생은 죽었다.

2016년 7월 14일

연습이 끝났다······.

모두에게 감사드린다. 부모님, 마르셀, 안젤라, 프랑크······.
여러분은 나를 끝까지 도와주었어.
나는 여러분과 함께할 거야.
이제부터는 내가 여러분을 잘 보살필게.

일기도 끝났다.

제 11 화

달팽이가 사방에 널려있었다. 어머니와 나는 팔짱을 끼고 걷고 있었다. 달팽이가 너무 많아서 지그재그로 걸어야 했다. 어쨌든 정상적이진 않아, 라고 어머니가 말했다. 그래요, 엄마, 정상적이진 않죠.

어머니는 최근 몇 년 동안 몸집이 작아졌다. 마르크와 함께한 격렬한 세월이었다. 아니, 어쩌면 그렇게 보였을 수도 있다. 어쩌면 연약해졌다는 말이 맞을 수도 있겠다.

마르크는 약 한 시간 전에 죽었고 우리는 산책하러 나갔다. 그래도 삶은 계속된다고 사람들이 말하는 것이 정말인지 확인하려면 우리는 나가야 했다. 그렇게 느껴지지 않았기 때문이다. 주사 세 개가 모든 것을 완전히 정지시켜버린 것처럼 느껴졌다. 이웃집 정원에서 뛰어노는 아이들의 시끄러운 소리도 없었고 새들이 지저귀는 소리도, 어떤 소음도 없었다.

아버지와 다른 사람들은 집에 있었다. 그들은 함께 있을 수 있는 동안만이라도 마르크와 함께 있고 싶어 했다. 나는 그럴 수 없었다. 나는 시신과 함께 있는 것이 마음이 편치 않았다. 마르크는 이제 시신이었기 때문이다. 더는 내 동생이 아니었다. 시신은 수의로 싸여 있었는데 그 수의를 보자 속이 메스껍고 무서웠다. 내가 평생 알았던 동생이 몇 초 만에 낯빛이 변해 있었다. 임종했다.

마르크가 마지막으로 한숨을 쉰 뒤, 나는 곧바로 정원으로 나와 신선한 공기를 마시고, 무릎을 꿇고 주먹으로 잔디밭을 서너 차례 쾅쾅 쳤다. 이런 식으로 글을 쓰면 아주 애처롭고 과장된 연극을 하는 것처럼 들리겠지만, 그건 아니다. 나는 몹시 화가 나 있었다. 화가 치밀어 올라서 치는 것 말고는 아무것도 할 수 없었다.

그런 감정은 일어나면 안 되었다. '이건 공평하지 않아.' 나는 인생이 모든 사람에게 또 누구에게나 공평하지 않다는 것을 알고 있었지만 이제는 나와 우리에 관한 문제였다. 동생은 더 이상 숨을 쉬지 않았고 다시는 숨을 쉬지 않을 것이다. 세상 사람들이 무엇을 하고 무슨 생각을 하든지 개의치 않았다. 사람들은 나를 연극적이라거나 애처롭다고 생각할 것이다. 빌어먹을 놈의 세상!

마르크는 자신의 카멜 담배를 거의 다 피웠다. 생각대로 다 피우지는 못했다. 내 곁으로 온 프랑크에게 담배 한 대를 건네고 나도 한 대 줬다. 우리는 불을 붙이고 울었다. 프랑크도 화가 나 있었다. 다른 사람들은 집 안에서 마르크 시신 주위에 말없이 앉아 있었다. 마레거 의사는 모든 것이 합법적으로 진행되었는지, 또 모든 서류가 정상적으로 작성되었는지 이중으로 점검할 검시관과 통화하고 있었다. 검시관은 다시 검사에게 통보하고 그런 다음에야 시신을 옮길 수 있다. 죽음에는 아직 여러 문제가 얽혀 있었다.

검시관이 4시 반에 도착했다. 그는 모든 사람에게 조의를 표했다. 나는 그 밖에 달리 말한다는 것이 얼마나 어려운지 알고 있지만, 사람들은 여전히 다른 말을 지어내지 못하고 있다. 끔찍한 말이다. "삼가 조의를 표합니다." 얼마나 역겨운 말인가! 너무 냉정하고 실용적으로 들린다. 사랑하는 사람이 방금 죽었을 때 제일 듣고 싶지 않은 말이다.

모든 게 정상적이었다. 마레거 의사는 법적 절차에 따라 올바르게 했다. 검시관이 돌아가자 그녀는 거기 있던 모든 사람과 포옹했다. 그녀도 잠시 소리 내어 울었다. 이해할 수 있었다. 누군가를 죽이는 일은 그저 싸늘한 의복에 집어넣는 일이 아니다. 분명 아픔이 동반될 것이다.

그녀는 우리에게 힘내기를 바란다고 했다.

마레거 의사에게 작별인사를 했다. 감사의 인사 또한 전했다. 기이하기도 했지만 납득할 수 있는 일이었다.

기다림이 계속되었다. 이번에는 장례관리사였다. 자영업을 하는 단발머리의 단호해 보이는 여성이었다. 그녀가 이제 어떻게 진행되는지 설명하고, 그 설명대로 하고 있을 때 어머니와 나는 산책하기로 했다. 우리는 집에서 나가야 했다. 죽은 마르크가 누워 있는 침대에서 벗어나야 했다.

어디서 갑자기 달팽이들이 나왔는지 도무지 알 수 없었다. 영화 "매그놀리아(Magnolia)"에서처럼 갑작스럽게 하늘에서 개구리비가 내리는 장면 같았다. 그러나 이번에는 달팽이였고 하늘에서 떨어지지 않았다. 지저분하고 징그러운 민달팽이였다.

우리는 계속 지그재그로 걸어가며 그 끈적거리는 무리를 피했다.

어머니가 물었다. "헤이런스라헌(Herenslagen) 거리에 있는 옛날 집을 지나가 볼까?"

우리는 그렇게 했다.

우리는 내가 스테인베이크에서 태어나 처음 몇 해를 살았던 모퉁이에 있는 작은 집을 바라보았다. 이웃집 아주머니에게 늘 사탕을 받은 기억과 거실의 나선형 계단에서 굴러떨어진 것을 제외하고는 하나도 기억나지 않았다.

　집에는 아무도 없었다. 우리는 멀찌감치 떨어져서 창문으로 내부를 들여다보았다. 작은 집이었다. 볼품없는 가죽 소파가 있었다. 창턱에는 나무로 만든 "HOME"이라는 글자가 세워져 있었다. 그 외에는 별로 볼 수 없었다.

　집 앞 잔디밭에서 아이들이 축구를 하고 있었고, 한 노부인이 아주 상냥하게 인사를 건넸다. 우리도 "안녕하세요"라고 화답했다. 마치 아무 일도 일어나지 않은 것처럼, 마치 마르크가 한 시간 전에 마지막 숨을 내쉬지 않은 것처럼. 기분이 좋지 않았고 비현실적이었지만, 또한 좋기도 했다. 숨을 쉰다는 것이 좋았다. 살아 있다는 것이 좋았다. 우리는 계속 걸어야 한다고 느꼈다.

　우리는 계속 걸었다.

　계속해서 걷는 한, 괜찮을 거라 생각했다.

　한 시간 반 후에 집으로 돌아왔다. 마르크는 그사이 관에 눕혀졌다. 그가 직접 고른 송판으로 만든 관이었다. 관은 거실에 있었다. 창가의 벽난로 앞이었다. 관 밑의 냉각장치에서 윙윙거리는 소리가 났다. 아주 조용하지 않으면 거의 들리지 않는 소리였다.

　마르크는 화장할 때까지 집에 있기로 계획되어 있었다. "시신이 잘 보존되어 있다면 말이죠. 이렇게 더운 날씨에는 어떻게 될지 알 수 없어요." 장례관리사가 말했다. 하지만 그녀는 낙관적이었다. 우리는 그녀를 신뢰했다. 시신에 관해서 당연히 우리보다 더 잘 알기 때문이었다.

아버지는 소파에 앉아 멍한 눈길로 관을 바라보고 있었다. "밤에 우리가 자러 갈 때만 관 뚜껑을 닫는다. 그전에는 열어둘 거야. 그럼 마르크를 계속 볼 수 있어." 그렇게 말하는 아버지의 목소리는 슬픔으로 쉬어 있었다.

나는 어느 정도 이해했지만 관 속에 있는 육신을 보기는 싫었다. 그것은 마르크가 아니었다. 보고 싶지 않았다. 그런 생각만으로도 속이 뒤틀렸다.

나는 아버지 옆에 앉아 어떻게 진행되었는지, 어떻게 입관했는지, 힘들지는 않았는지 물어보았다.

"내가 직접 했어. 안젤라와 장의사와 같이 말이다." 그렇게 말하는 아버지는 목이 메어 있었다. "너무 연약했어." 아버지는 울부짖었다. "생명이 모두 빠져나갔어."

아버지는 머리를 움켜잡고 목소리가 갈라지도록 불렀다. "마르크, 지금 어디 있니? 어디로 가니?"

아버지가 무너졌다.

나의 사랑하는 강인한 아버지가 무너졌다.

아버지는 소파에 몸을 반쯤 매달린 채 내 어깨에 기대어 온 몸을 들썩이며 울었다.

여동생이 합류하였고, 어머니는 어찌할 바를 몰라 허둥대고 있었다. 우리는 모두 울었다. 꺼이꺼이 울었다.

이제 다 끝났다는 것을 알기에, 마르크가 더 이상 존재하지 않다는 것을 알기에 통곡했다. 우리 가족이 영원히 불구가 되었기에 통곡했다.

그날 밤 늦게 텔레비전을 켰다. 거실에 있는 마르크 밑의 냉각 장치에서 조용조용히 윙윙거리는 소리가 났다. 우리는 안쪽 방에 있었다. 마르크의 텅 빈 침대가 텔레비전 옆에 있었다. 사람들이 내일 가지러 올 터였다. 침구류는 이미 세탁기 안에 있었다.

RTL4 채널에서 "Late Night" 토크쇼가 방송 중이었다. 우리는 무엇인가를 해야 했고, 어쩌면 어제도 움베르또(Humberto Tan, 진행자 이름)가 존재했듯이 내일도 역시 움베르또가 존재하리라는 것을 보는 것이 도움이 될지도 몰랐다. 우리는 내가 그날 아침에 구운 맛있는 파이를 먹었다. 그렇다, 나는 나 자신이 매우 실용주의자라는 것을 잘 알고 있다.

그때 마르크가 말했다. "맛있는 냄새가 나네. 그런데 오늘 밤에는 접시가 하나 모자라네, 응?"

우리는 몹시 배가 고팠지만 억지로 꾸역꾸역 먹었다.

움베르또가 "안녕하세요"라고 인사하고 10분 뒤, 어떤 미친 자식이 프랑스의 휴양도시 니스의 해안가 도로로 대형 트럭을 몰고 돌진했다. 86명이 죽었다. 아무런 경고도 없이 갑자기.

우리는 멍하니 있었다.

그런 일 또한 2016년 7월 14일에 벌어졌다.

우리는 리모컨으로 채널을 이리저리 돌렸다. 오늘 충분히 죽음을 보았다. 사실상 오랫동안 보았다.

전날 밤처럼 거의 잠을 자지 못했다. 피곤했지만 뜬눈으로 밤을 새웠다. 나는 눈을 크게 뜨고 언제나 내 방이었고 이제는 손님 방으로 쓰는 다락방에서 어둠을 응시하며 누워 있었다.

내 옛날 침대가 여전히 그곳에 있었다. 그러나 2인용 침대도 추가되어 있었다. 거기에 누웠다. 실은 아래로 내려가서 정원에서 혼자 구름 한 점 없는 하늘과 별을 보고 싶었다. 담배를 피우고 위스키를 마시고 울면서 소리 지르고 싶었다. 그러나 감히 그렇게 하지 못했다. 무섭다는 생각이 들었다. 내 동생이 아래층에 죽은 채로 소나무 관에 누워 있었다. 부모님이 관 뚜껑을 닫았다. "안녕, 아들아, 내일 또 보자." 부모님이 말했다. "참 잘 생겼구나. 어떻게 이런 일이 가능하단 말이냐……. 어떻게 이런 일이……." 어머니가 말했다.

마르크는 아무 말도 없었다. 그저 조용히 윙윙거렸다.

2016년 7월 10일

이제 나흘 남았다. 그러면 끝이다. 연습의 끝이다.

(……)

화장할 때 틀어놓을 곡들도 골라놓았다. 사실 이미 오래전에 골라놓았다. 카이트만 오케스트라(Kyteman's Orchestra, 네덜란드 뮤지션)의 "미안(Sorry)", 틴더스틱스(Tindersticks, 영국 록밴드)의 "한 방울의 눈물(Tiny Tears)", 브람 베르뮬런(Bram Vermeulen)의 "유언(Testament)"이었다.

내가 죽으면 울지 말아요.
내가 정말로 죽지는 않았다는 걸 알아야 해요.
내가 두고 온 것은 몸일 뿐이에요.

나를 잊었다면 그럼 나는 죽은 거예요.

내가 죽으면 슬퍼하지 말아요.
내가 정말로 떠나지는 않았다는 걸 알아야 해요.
내가 두고 온 것은 향수일 뿐이에요.
나를 잊었다면 그럼 나는 죽은 거예요.

내가 죽으면 울지 말아요.
내가 정말로 죽지는 않았다는 걸 알아야 해요.
내가 두고 온 것은 열망일 뿐이에요.
나를 잊었다면 그럼 나는 죽은 거예요.
나를 잊었다면 그럼 나는 죽은 거예요.

_브람 베르뮬런의 "유언" 중에서

제 12 화

 사람들은 죽음이 설명되기를 원한다. 원인을 알고 싶어 한다. 흡연으로 폐암에 걸린 어떤 사람은 아주 딱하지만, 원인이 설명이 된다. 비쩍 마른 데도 지나치게 열성적으로 빨리 달리는 50대가 숲속에서 심장마비로 쓰러진 것은 대단히 애석한 일이지만 사람들은 그 원인을 납득한다. 우울증 및 기타 정신적 증상들로 안락사를 시행한 알코올 중독 문제를 가진 잘생긴 마흔한 살 된 남자가 있다. 그런데 여기에는 뭔가 이상하다. 그게 어떻게 가능할까?

 그런 남자가 왜 도움을 받지 못할까? 그 증상에 맞는 약도 있는데, 그렇지 않은가?

 나와 우리 가족은 그러한 질문을 숱하게 받았다. 우리가 그 문제에 관하여 모든 방법을 다 써봤냐는 질문 역시 마찬가지다. 마르크에게 삶이 진정 아름답고 사랑으로 가득하고 즐겁고 살 만한 가치가 있는 거라고 설득시키기 위해 최선을 다했냐는 질문도 많이 받았다.

'마르크의 어린 시절에 무슨 일이 있었을까? 거기에 원인이 있지 않을까? 아버지가 손버릇이 사나웠었나? 어머니가 너무 엄격했었나?' 단도직입적으로 그렇게 물어본 것은 아니었지만 사람들의 얼굴에서 미심쩍어하는 모습을 볼 수 있었다. 뭔가 이상하다는 표정이었다. '그 남자는 트라우마가 있었던 게 틀림없어. 아니면 전처나 일 때문에, 아니면 양심에 크게 걸리는 일이 있어서 그것 때문에 더 이상 살 수 없었을지도 몰라. 맞아, 틀림없이 그런 이유들이 있었을 거야.'

그게 전부가 아니었다.

한 정신과 의사는 어떤 사람은 단지 나이가 들기를 바라지 않는다고 마르크가 죽은 후 몇 달 뒤에 아버지에게 말했다. 마르크가 그런 사람이라고 했다. 의사는 우리가 그런 사람과 함께 사는 법을 배워야 했다고 말했다.

어떤 사람은 크게 병이 들어서 살 수가 없다. 우리는 그것에 대해 오랫동안 다각도로 이야기하고 생각할 수 있으며 그러는 게 좋다. 그런데 우리는 또한 그것을 "빌어먹을 운명"이라고 받아들일 수도 있다.

마르크는 그 운명을 받아들였기에 궁극적으로 우리도 받아들이지 않을 수가 없었다. 뿐만 아니라 우리는 당연히 받아들여야만 한다. 그는 돌아오지 않는다. 부모님 집 뒷마당에 있다. 지금 한창 꽃을 피우고 있는 수선화들 사이 자그마한 기념비 속에 아름답게 감춰져 있는 유골단지에 있다. 부모님 집에 있을 때 사미의 기저귀를 버리러 쓰레기통에 갈 때마다 그에게 인사를 건넨다. "마르크, 어이 형씨."

그의 죽음으로 인해 나와 우리 가족이 갑작스럽게 안락사 옹호론자들로 바뀐 것은 아니다. 우리는 그 장벽을 넘지 못했으며, 사명감 따위를 갖고 있지도 않다.

우리는 단지 모든 사람이 자신의 죽음을 스스로 선택할 권리가 있다고 생각한다. 삶을 도저히 견뎌낼 수 없다면, 육체적 혹은 정신적 고통을 참을 수 없다면, 하루를 어떻게 버텨야 할지 진심으로 더 이상 알지 못한다면, 그리고 죽음이 구원이라면, 죽음을 선택할 수 있어야 한다.

그런 다음 죽는 데 반드시 도움을 받아야 한다. 죽기를 원하는 사람은 결국엔 죽기 때문이다. 사람들이 그에게 도움을 주든지 안 주든지 여부에 상관없이 말이다. 이념이나 신앙 혹은 어떤 이유로든 다른 사람의 죽음을 받아들일 수 없다며 생명을 연장

시키는 것은 이기적이다. 오만한 것이다. 사람들은 아이를 낳을 것인지를 스스로 결정할 수 있다. 마찬가지로 죽기를 원하는지를 스스로 결정할 수 있어야 한다. 삶은 의무가 아니다.

당연히 거기에는 규칙이 있어야 한다. 또한 이미 여러 규칙도 있다. 안락사는 함부로 할 수 있는 게 아니다. 정신적 질병의 경우에는 더욱더 그렇다. 머나먼 길을 가야 한다. 사람들은 소셜 미디어에서 내 동생이 "쉬운 길"을 선택했다고 아우성쳤다. 그게 우리의 마음을 가장 아프게 했다. 그가 간 길은 결코 쉬운 길이 아니었기 때문이다. 지붕에서 뛰어내리거나 기차 앞에 서 있는 것, 그런 것이 빠른 길이다. 똑같이 무시무시하지만 중요한 건 그게 아니다. 안락사를 조정하는 데는 시간이 걸린다. 동생의 경우 약 1년 6개월이 걸렸다.

간절히 죽기를 원한다면 그 시간은 매우 오랜 시간인 것으로 보인다.

한 방울의 눈물이 대양을 이루네.

한 방울의 눈물이 바다를 이루네.

눈물아 쏟아져라, 온 사방에 쏟아져라.

나에게는 쏟아지지 마라.

_틴더스틱스(Tindersticks)의
"한 방울의 눈물(Tiny Tears)" 중에서

제 13 화

아버지는 매직 마커스(Magic Markers) 펜을 샀다. 칠하지 않은 마르크의 관에 잘 써지는 검은색 매직이었다. 아버지가 좋아하는 상점인 액션(Action)에서 샀다. 자질구레하고 잡다한 온갖 물건들을 파는 상점이다. 아버지는 매주 그 상점을 둘러보고 늘 쓸모 있다고 생각하는 무언가를 사서 돌아왔다. 실외등, 보관용기, 새 먹이, 철침 등등. 이제 어머니는 아버지의 그런 습관에 대해 아무 말도 하지 않는다. 언제나 한숨만 쉰다.

마르크가 자주 말한 것처럼 오늘은 불구덩이 속으로 들어가는 날이다. 그는 자신의 죽음과 합의를 보았을 때 좀처럼 없는 기회를 쓰지 않고 두었다. 마지막 몇 해 동안 더는 미묘하지 않았던 것은 그럴 만한 시간적 여유가 더는 없었기 때문이었다.

우리가 관에 무언가를 얹어놓으면 그때서야 불구덩이 속으로 들어가야 했다. 마르크가 원한 것은 그것이었다. 우리에게 여러 가지를 늘어놓아야 한다면서 "유머 잊으면 안 돼, 알았어?"라고 말했다.

나는 관에 커다란 대문자로 "이쪽 면을 위로(THIS SIDE UP)"라고 적었다. 우리는 그걸 보고 웃음이 터지지 않을 수 없었다. 잠깐이긴 했지만.

'있잖아, 너의 왕국은 뭔가 좀 특별하지 않을까?' 헤라르트 리브(Gerard Reve, 네덜란드 작가)가 쓴 글귀 중 하나로 그의 팬인 아버지가 적어 놓은 글이었다. 마르크의 아들들과 어머니의 글을 포함하여 나머지 사람들의 글들은 가슴이 미어지는 글들이었다. 우리 모두는 한동안 그 글들을 쳐다보았고, 아버지는 그 글들을 사진으로 찍었다.

나는 과연 그 사진들을 다시 볼 수 있을까 상상도 할 수 없다.

고정 인원이 그 자리에 있었다. 즉, 마르크가 죽을 때 함께 있었던 사람들에다 마르크의 전처, 아들들, 그리고 병원에서 만난 마르크의 친한 친구 헤르만이었다. 헤르만은 중독을 극복했다. 당분간은 그렇다. 왜냐하면 중독이란 당연히 절대 어찌 될지 알 수 없는 것이기 때문이다. 그는 국제적인 기업에서 좋은 직업을 갖고 있었으며, 밀라노에서 특별히 두 번이나 비행기를 타고 날아왔다. 한 번은 마르크와 이별인사를 할 때였고 다른 한 번은 바로 지금인 화장할 때이다. 그는 눈물을 펑펑 흘리며 이마에서 식은땀을 쏟아냈다. 그는 예스러운 손수건으로 식은땀을 닦았다. 양복은 약간 구겨져 있었다. 헤르만은 상심해 있었다. 몹시도 상냥한 사람이 몹시도 상심해 있었다. 마르크는 그에게 신세를 많이 졌다고 했었다. 그 역시 마르크에게 많은 신세를 졌다고 했다.

마지막 날인 화장하는 날에도 나는 관을 들여다보지 않았다. 부모님과 여동생과 다른 사람들은 들여다봤다. 보기 좋게 누워 있었다고 어머니가 전했다. 마치 언제라도 다시 일어날 것 같았다고 했다. 머리가 여전히 위로 뾰족 솟아 있었냐고 묻자 어머니는 그렇다고 했다. 머리에 젤은 그대로였다고 했다.

요란한 소리를 내는 제프리 웨스트 구두는 아버지가 벗겼다. 그 구두도 불구덩이 속으로 같이 들어가야 한다고 마르크는 말했었지만 뱀가죽 구두의 뾰족한 코가 너무 높이 솟아 있어서 관이 닫히지 않았다. 구두를 벗겨야 했다. 그래서 동생은 양말만 신은 채 송판으로 만든 관에 안치해야 했다. 우리는 구두를 관에 넣지 않기로 결정했다. 죄스러운 기분이 들었다. 나는 그 구두를 결코 신지 않겠지만 집으로 가져왔다. 나와 마르크의 발 크기는 275로 같았다. 심지어 우리는 몇 년 전에 그 신발을 같이 샀다. 그때 마르크는 잠시 "좋은" 상태였고, 9번가에도 제프리 웨스트

매장이 하나 있었다. 그 매장은 그사이 문을 닫았다. 그 구두는 이제 내 신발장의 다른 신발들 사이에 있다. 먼지투성이의 박물관에서 요란한 소리를 내는 놀이기구처럼.

영구차는 신형 벤츠로 회색이었다. 회색의 영구차는 상당히 참신하다는 생각이 들었다. 검은색은 너무 진부했다. 장례관리사 여자는 아주 조용조용히 이야기했다. 거의 속삭이는 것 같았다. 조의를 표하려는 의도였겠지만 약간 낯간지러웠다. 보통 때처럼 하는 게 나을 것 같았다. 그렇게 속삭인다고 해서 마르크를 덜 죽게 하는 것도 아니니 말이다.

헤르만과 나는 맥주를 마셨다. 커피를 마시고 케이크를 먹는 화장이 아니었다. 마르크는 알코올 문제가 없었을 때도 커피와 케이크를 싫어했다. 그가 시킨 대로 우리는 오늘 맥주를 마셔야 했다. 그런 다음 우리는 "정상적으로 해야" 했다.

"준비되셨습니까?" 장례관리사 여자가 두 손을 다소곳이 포개며 대단히 엄숙하게 속삭였다. 우리는 그렇다고 대답하고 장례관리사가 이미 냉각장치를 내린 마르크의 관으로 갔다.

사람들은 이런 생각이 들 것이다. 하여튼 나는 이런 생각이 들었다. 즉, 지금부터 마르크의 관은 계속 더워지기만 할 거라는 생각.

안젤라의 남편 헤르만과 아버지, 내가 관을 조심스럽게 들어

올리고는 거실에서 복도 쪽으로 가서 문밖으로 나온 다음 벤츠 안으로 넣었다. 운전기사가 지시를 했다. 무더운 날씨였다.

아버지가 기사 옆자리에 앉았다. 아버지는 마르크가 마지막으로 가는 길에 아들과 함께 있고 싶어 했다. 우리는 세 대의 차량에 나눠 타고 뒤따라갔다. 보통 장례 행렬이 그렇듯 아주 천천히 움직였다.

원형 교차로에서 스테인베이크에 사는 걸로 보이는 낡은 도요타 자동차를 탄 여자가 담배를 입가에 문 채 우리의 장례 행렬 사이에 끼어서 요란하게 경적을 울렸다. 그녀는 시끄럽게 욕을 퍼부었는데 그녀가 움직이는 입 모양을 보면서 욕이라는 것을 분간할 수 있었다. 심지어 가운뎃손가락까지 치켜세웠다. 장례 행렬을 많이 보지 못해서 그렇겠거니 했다. 혹은 장례 행렬에 신경도 안 썼을지 모른다. 어쩌면 '삶은 계속된다'고 생각했을 수도 있다. '당신들의 장례 행렬과 불행을 떠나서 나는 일하러 가야 한다고!' 나는 생각했다. '나쁜 년, 어머니가 옆에 앉아 있어서 내 말은 하지 않겠다'라고.

우리는 메펄로 가는 A32번 고속도로에서 시속 90킬로미터로 달렸다. 왜 메펄을 선택했는지 나는 정확히 몰랐다. 어쩌면 스테인베이크에 있는 화장터가 좋지 않아서일 수도 있다. 어쩌면 메펄의 분위기가 더 좋고 사람들이 더 친절해서일 수도 있다.

어쩌면 스테인베이크에는 화장터가 하나도 없어서일 수도 있다.

마르크는 그 화장터에서 작은 추모실을 선택했다. 친한 사람들만 모여 화장하기를 바랐기 때문이었다. 두꺼운 커튼과 칙칙한 파스텔풍의 색조와 볼품없는 집기가 놓인 조야한 추모실이었다. 반면, 여러분은 대형 추모실을 발견하면 흡족할 것이다.

마르크의 관이 놓일 상단 주위에는 의자들이 놓여 있었다. 네모난 작은 치즈에 이쑤시개로 실버스킨 양파 피클과 국기를 꽂아놓은 전통적인 생일상 차림 같았다. 그건 아주 좋았다.

마르크의 관을 들여오는 동안 카이트만의 "미안"이 울려 퍼졌다. 나는 흐느꼈다. 그 곡은 설령 동생이 죽지 않았더라도 가슴을 저미게 하는 곡이다.

샌더 목사는 중요하다고 생각하는 것들을 이야기했다. 정확히 어떤 것들이었는지는 알아듣지 못했지만 말이다. 그런 다음 음향시설을 갖고 씨름한 뒤 틴더스틱스의 "한 방울의 눈물"을 틀었다. 노래가 흐르자 웃음이 터져 나왔다. 마르크도 내가 웃는 것을 좋아했을 것이다. 내 장담한다. 내가 틴더스틱스를 늘 지독히도 질색했던 것처럼 마르크는 그 밴드를 지독히도 좋아했다. 틴더스틱스의 음반을 틀고는 몇 번이고 계속해서 나를 설득하려 애썼고 콘서트에 같이 가자고 졸랐다. 나는 즐길 마음이 없다고 사양했다. 억지로 감동을 주려고 쥐어 짜내는 듯한 가수의 목소리가 질색이었다. 몇 초 이상은 도저히 들어줄 수 없었다.

지금은 들어야만 했다. 젠장, 6분이나.

웃음을 참느라 힘들었다. 나는 사후세계와 종교를 믿지 않지만, 우주라든가 혹은 그러한 것들이 지금 나를 비웃고 있을 거라는 것은 꽤 확실했다. "들어봐, 마르셀 랑어데이크. 딱 6분이야. 알았지, 이 얼간이야."

그다음 여동생이 이야기했다. 그녀는 많은 사람들 앞에서 늘 말을 잘했다. 이런 경우처럼 소규모의 사람들 앞에서도 잘했다. 울지도 않았다. 여동생은 그런 사람이다. 조그만 여자지만 고난의 순간이 닥치면 거인이 된다. 그 거인이 그곳에 있었다. 나는 매사에 징징대지만 안젤라는 전혀 그렇지 않다. 강골이다. 거인이다. 내 여동생이다.

거의 10분이 지나갔고, 마지막 5분은 브람 베르뮬런의 순서였다. "유언"이 곡명이었다. 어머니가 울부짖었다. 어머니는 브람 베르뮬런의 목소리를 언제나 근사하다고 여겼다. 마르크와 어머니는 그 노래를 지난 몇 달 동안 함께 자주 들었다. 목사의 아내가 적당한 거리에 떨어져 있다가 어머니 옆으로 가서 앉고는 어머니를 꼭 끌어안았다.

모든 순서가 끝났다.

온 삶이 15분간의 의식으로 치러졌다. 그리고 그것은 좋았다. 인생이 차갑고 불쾌한 추모실에 있는 것은 아니니까. 인생은 칙칙한 파스텔풍의 색조가 아니라 무지개똥을 싸는 유니콘이다. 인생은 바깥에서 즐기는 것이다. 숲에서, 테라스에서, 거리에서, 카페에서 그리고 여자와 침대에서 즐기는 것이다. 설령 아무것도 축하할 것이 없더라도 축하하는 것이다. 이곳을 제외한 모든 곳에서.

어머니와 여동생과 나는 관을 운반하기 편리한 수레 위에 놓고 밀었다. 다른 사람들은 자리에 앉아 있었다. 그렇게 하기로 미리 합의된 것이었다. 즉, 우리 셋에서 마르크를 화장로로 밀고 가기로 되어 있었다. 마르크와 함께하는 막바지로 향하고 있었다. 자, 거의 그때가 되었다. 그가 스스로 해야만 하는 마지막 차례가 다가오고 있었다.

아버지는 화장로로 갈 수 없었다. 도저히 무리였다.

그 심정이 이해되었다.

추모실에서 화장로로 가는 길에 화장터 직원들을 몇 명 만났다. 아주 겸손하게 그 자리에 서서 묵례했다. 그 모습을 보자 섬뜩했다. 얼마나 험한 직업일까.

그 험한 직업에 관하여 이야기하자면, 그들은 매일 죽은 사람을 화장로에 밀어 넣어야 한다. 이 화장터에서 그 일은 나이가 지긋한 부인이 했다. 희끗희끗한 머리를 단정하게 손질한 그녀는 청소복 같은 것을 입고 있었다. 마치 공장에서 일하는 것처럼 말이다. 당연히, 그건 실제로 사실이었다.

그녀는 우리가 가족을 잃은 것에 대하여 조의를 표하고는 어디로 관을 밀어야 하는지 설명했다.

"보세요." 그녀가 가리켰다. "저기 롤러 받침쇠 바로 앞까지입니다."

우리는 마르크를 거기까지 밀고 갔다.

"잠시 기다리셔야 합니다." 그녀가 계속해서 말했다. "화장로가 아직 충분히 달아오르지 않았어요."

사람들은 그들이 화장로를 예열하는 데 시간이 얼마나 걸리지 진즉에 알고 있을 거라고 생각할 것이다. 그것이 아무리 힘든 일이라 할지라도 말이다.

예열하는 동안 우리는 그녀 옆에 서 있어야 했다. 관에서 5미터 거리였다. "안전을 위해서예요." 그녀가 말했다.

우리는 그곳에 서 있었다. 기다리고 있었다. 내가 가운데에 서 있었다. 우리는 서로 꼭 붙들고 있었다.

무슨 말이라도 하려고 내가 물었다. "육신이 다 타기까지 얼마나 걸리나요?"

"약 네 시간 걸립니다." 그녀가 말했다.

상당히 오랜 시간이 걸린다는 생각이 들었다.

"이런." 내가 말했다.

5분이 지나 화장로가 충분히 달궈졌을 때 마르크의 관 위에 돌을 하나 얹어놓아야 했다. 돌에 번호가 적혀 있어서 나중에 재를 제대로 받았는지 확실히 알 수 있기 때문이었다.

내가 돌을 얹었다.

그녀가 말했다. "사랑하는 분이 화장로에 들어가자마자 약간의 소음이 날 겁니다. 마지막에 가서는 조금 거칠고 둔탁한 소리가 날 거예요. 그래도 여기에 남아 있고 싶은 게 확실한가요?"

우리는 확실히 알겠다고 고개를 끄덕였다.

그녀는 관리실로 가서 버튼을 눌렀다. 내 생각엔 그랬다. 볼 수 없었기 때문이다. 화장로의 문이 아주 천천히 열렸다.

불꽃을 우리는 보지 못했다. 열기를 느꼈고, 언뜻언뜻 환한 불길이 번쩍이는 것을 보았다. 화장로에서 소음이 나왔다. 며칠 전 마르크가 미리 부탁했던 말이 머리에 떠올랐다. "내가 죽었는지 확인해줄래? 화장로에서 깨어나고 싶지는 않거든."

그 말이 떠오르자 폐부를 찌르는 듯한 고통이 느껴졌.

관은 저절로 구르기 시작했다.

청소복을 입은 여자가 아마 다시 버튼 하나를 눌렀을 것이다.

롤러 또한 매우 느리게 움직였다. 사람이 죽으면 모두가 조용조용히 말하기 시작하고 모든 것이 갑자기 느리게 돌아간다. 가능한 한 오랫동안 함께하고 싶어서가 아닐까 싶다. 아니면 존중심을 표하는 한 형태일 수도 있다. 더욱 조용히 하고 더욱 느리게 할수록 더욱 존중심을 표하는 것이리라. 어쨌든 긴장을 푸는 데에는 도움을 주었다.

나는 여동생과 어머니를 더욱 꽉 붙들었고, 그들도 똑같이 나를 꽉 붙들었다. 우리는 이상하게도 울지는 않았다.

관은 이제 화장로 안에 4분의 3 정도 들어갔고, 조금 후에 시야에서 사라졌다. 그다음에는 송판이 콘크리트에 둔탁하게 퍽하고 부딪치는 소리가 이어졌다. 나는 실제로 보지는 못했지만 동생의 머리가 관의 상단에 쿵쿵 부딪히는 모습을 익히 상상할 수 있었다. 나는 이를 악물었다.

마르크는 이제 불길에 휩싸였다.

화장로 문이 다시 닫혔다.

당연히 아주 천천히 닫혔다.

그것이 마지막 버튼이라는 생각이 들었다.

그녀는 관리실에서 나와 우리에게 악수하며 앞으로 힘내기 바란다고 했다.

우리는 밖으로 나올 수 있었다.

그렇게 끝났다.

제 14 화

안도의 한숨을 쉬었다. 나는 이처럼 장례식이나 화장이 끝날 때마다 안도의 한숨을 쉰다. 매주 그런 일을 겪는 것은 아니지만 그동안 몇 번 다녀온 적이 있다. 그리고 언제나 미리부터 대단히 두려워하듯 끝나고 나면 대단히 안도감을 느낀다.

내가 어리석고 무감각한 괴물이어서가 아니라 숨을 쉴 수 있다는 사실에 갑자기 기분이 나아지기 때문이다. 나는 그런 사람이다. 나는 아직 살아있다. 나는 계속 살아갈 수 있다. 나는 걷는다. 나는 움직인다. 나는 존재한다.

그런 느낌이 든다.

누구나 그런 느낌을 알 것이다.

동생이 둔탁하게 쿵쿵 부딪히는 소리와 함께 화장로 속으로 사라지는 것을 본 직후인 바로 지금 이 순간도 나는 안도감을 느꼈다. 내가 순 엉터리처럼 느껴졌다.

굴뚝을 찾을 수 있는지 둘러보았지만 보지 못했다. 어쩌면 굴뚝이 보이지 않도록 설계했을지도 모른다. 입구에서는 보이지 않도록 전략적으로 설치해서 유족들이 화장터 건물 벽 내부에서 진행되는 과정을 직면할 필요가 없도록 했을 것이다. 설령 모두가 어떤 일이 벌어지고 있는지 너무나 잘 알고 있더라도 말이다.

네 시간도 채 걸리지 않아 마르크는 한 줌의 재로 남았다.

우리는 착잡한 심정으로 메펄의 중심지에 있는 드 뵈르스(De Beurs) 카페로 차를 몰고 갔다. 마르크와 내가 가끔 가곤 했던 카페였다. 우리들은 어렸고 삶이 끝도 없는 것처럼 보였던 시절이었다. 고등학교 시절, 숙제를 해야 하고 밤에는 영화관에도 가던 시절이었다. 스쿠터를 타던 시절이었지만 우리에게는 허용되지 않았다. 너무 비싸고 위험한 데다 자전거를 타고 다니는 것이 건강에 훨씬 좋다는 이유 때문이었다.

마르크는 우리가 그 카페에서 "맥주로 마무리지어야 한다"고 말했었다. 그는 그러기를 간절히 바라며 좋은 생각이라고 여겼었다. 슬픈 휴게실에서 슬픈 케이크와 슬픈 커피를 마시지 말고, 삶이 좋았던 시절의 장소로 돌아가기를 원했다. 그의 삶을 축하할 수 있는 카페로 가기를 원했다. 과거에 했던 대로 맥주를 마시고 네덜란드식 크로켓을 먹었다. 과거에, 아직 모든 것이 정상이었을 때 했던 식이었다.

샌더 목사는 아내와 마찬가지로 특히 좋아하는 트리펠 카르멜리엇 맥주를 시켰다. 그 카페에선 그 맥주를 꼭지 달린 통에서 따라 주었다. 그들 부부의 선택이 좋은 생각인 것 같아서 나도 같은 것을 주문했다.

맥주를 한 모금 마시고 크로켓을 먹으면서 입천장을 데었다. 그리고 생각했다. '도대체 어디서부터 잘못된 걸까?'

분명 마르크는 언제나 모든 일이 뜻하는 바대로 잘 이루어졌던 사람이지 않은가?

자기 분야에서 성공한 사람이었지 않은가?

어디서부터 잘못된 걸까?

왜 몇 킬로미터 떨어진 화장로 안에서 불길에 탔어야만 했을까?

제 15 화

나는 스테인베이크에 있는 부모님 집에 있다. 마르크가 죽은 지 6개월이 조금 넘었다. 아직 봄은 오지 않았지만 날씨가 좋아 달리기로 마음먹었다. 한동안 달리지 않았던 10킬로미터 코스였지만 여전히 그 길을 달릴 수 있을 거라 꿈꾼다.

맨 먼저 마르크와 나의 어릴 적 친구들이 살던 옛집을 지나갔다. 그 친구들은 1970년대에 태어난 거의 모든 아이들이 그렇듯 마르셀과 에릭이란 이름으로 불렸다. 곱슬머리에 볼이 빨간 활기찬 아이들이었다. 그들은 더 이상 스테인베이크에 살지 않고 남부 지방 어딘가에 살고 있다. 그런데도 나는 그곳을 지날 때마다 늘 집 안을 들여다본다. 좋은 추억들을 들여다보는 것이다.

그런 다음 강가를 따라 동네를 벗어나서—그렇다, 이런 시골에도 있다—맥도날드를 지나 볼드베르흐(Woldberg) 쪽으로 달렸다. 좁은 길은 숲으로 이어졌고 승마장을 지나쳤다. 이곳에도 또

한 추억거리가 있다. 이번에는 나쁜 추억이다. 마르크는 상태가 안 좋았던 시기에 잠시 이곳에서 살았다. 승마장 사람들이 방을 몇 개 세놓았다. 공짜로 초원을 볼 수 있고 건초와 분뇨 냄새를 맡을 수 있고 말을 볼 수 있는 곳이었다. 그 자체로는 문제될 게 없었지만 마르크는 외로웠고 더군다나 거의 죽을 뻔했었다. 사람들이 마르크와 연락이 닿지 않는다고 하자 부모님이 그곳으로 차를 몰고 갔었다. 그리고는 바닥에 쓰러져 있는 그를 발견했다.

종종 그렇듯 만취해서 의식을 잃은 상태였다. 부모님은 힘겹게 들쳐업어 차에 싣고는 또다시 병원을 찾아갔었다.

속도를 좀 내어 달렸다. 바람이 불어 아쉬웠지만 햇살이 벌충해 주었다. 개를 데리고 자전거를 타는 머리를 짧게 자른 한 부인이 나를 향해 "호이(hoi, 안녕하세요)"라고 인사했다. 실제로는 "모이(moi, 날씨 좋죠)"라고 들렸다. 스테인베이크에서 말하는 방식이다. 나도 인사를 건넸다. 이곳 사람들은 아직도 그렇게 한다. 좋았다.

숲속의 나무와 덤불은 아직 앙상한 채로 남아 있었다. 이 동네의 몇 안 되는 식당은 아직 문을 열지 않았다. 계절이 계절인지라 아직 이른 시간이었다. 저 멀리 리유와르던(Leeuwaarden)으로 향하는 A32고속도로의 소음이 있을 텐데도 나는 아무 소리도 듣지 못했다.

나는 아주 건강한 느낌이 들었다. 폰델파크(Voldenpark, 암스테르담 소재 공원)는 이곳과 비교도 할 수 없었다.

숲이 중단되고 터널을 통과해 스테인베이크에 인접한 작은 마을인 투크(Tuk)로 넘어갔다. 우리는 그 이름 때문에 많이 웃었다. 옛날에는 당연한 일이었다. 투크를 거꾸로 읽으면 쿠트(Kut, 여성의 성기)이기 때문이었다. 터널을 빠르게 통과하면서 소리를 지르고 싶었으나 참았다. 어린 시절, 4일 연속 걷는 "연례걷기행사"에서 우리는 종종 소리를 질렀었다. 수백 명의 아이들이 소리를 지르면서 터널을 통과했었다. 천진난만한 불협화음이었다. 지금은 아무도 걸어가고 있지 않았다. 그런데도 나는 소리를 지르지 않았다.

투크에서 기독교 가정이 운영하는 화원을 지나갔다. 마르크와 나는 몇 년 동안 그곳에서 일했다. 화초에 물을 주고 양동이에 영양토를 가득 채우고 작은 화초를 화분에 옮겨 심고 나무를 자르고 트랙터를 타고—마르크의 경우에는—허드렛일도 했다.

일찍 일어나 자전거를 타고 투크로 가서 일을 시작하고, 열 시에 작은 창문이 있는 상당히 불편하고 퀴퀴한 냄새가 나는 좁은 방에서 각설탕과 분유를 커피에 타서 마셨다. 아주 형편없는 커피였다.

어떤 때는 쿠키도 있었지만 자주는 아니었다. 대화도 거의 없었다. 사람들이 말하는 것을 좋아하지 않았다. 대화는 정신을 산만하게 할 뿐이라고 했다. 나는 상당히 끔찍하다고 생각하긴 했지만 돈을 약간 벌 수 있었고 공짜로 근육도 얻을 수 있었다. 마르크도 그 일을 좋아하지 않기는 마찬가지였지만 그에게 커다란 이점은 대화가 거의 없다는 점이었다. 그는 허드렛일을 하고 트랙터로 나무를 뿌리째 뽑고 기구를 수리하고 형편없는 커피를 마시며 묵묵히 홀로 있었다.

마르크는 나보다 손재주가 좋아서 더 많은 시간을 일했을 뿐 아니라 더 오래 계속할 수 있었다. 그렇게 해서 그는 그때 가졌던 다른 취미생활에 돈을 댈 수 있었다. 취미를 여럿 가졌기 때문이었다. 취미는 매번 달랐다. 최근에 아버지는 마르크의 취미가 거의 광적이었다고 했다. 예를 들어, 한동안은 야외활동에 빠져 약 3주 동안 윈드서핑을 하러 갔다고 했다. 트럼펫을 연주한 다음에는 기타를 연주했다고 했다. 거대한 어항도 하나 있었는데 청소해야 할 때까지 채우고 있었다고 했다. 스쿼시를 한 다음에는 경주용 자전거를 타는 것을 더 좋아했다. 그리고 마지막에 가서 사진을 찍기 시작했다. 언제나 똑같이 전념했다. 언제나 최상품으로 했다. 그러다가 싫증냈다.

오랫동안 생각하면 배후의 무언가를 찾을 수 있을 것이다. 정신적 장애의 근거로 보는 정신과 의사들도 있을 것이다. 그들은 다음과 같이 말할 수 있을 것이다. 즉, 마르크는 자기 자신을 찾고 있었으나 찾을 수 없었다고. 하지만 그보다는 한 수 높은 말이 필요하다. 어쩌면 그들의 말이 옳을지도 모르겠지만 글쎄다. 또한 이젠 더 이상 중요하지도 않다.

마르크는 죽었다.

그는 이제 부모님 집 뒷마당에 있다. 수선화들 사이, 조그만 땅속 무덤 안에.

유골함은 정말로 볼품없는 데다 화장터의 이름이 뚜껑에 찍혀 있다. 우스꽝스럽다는 생각이 든다. 뻔뻔스럽기까지 하다. 도대체 유골함에 광고를 해야 하는 이유가 뭘까? 관에는 광고를 하지 않는데, 그렇지 않나?

아버지는 친구인 알버트 씨와 그 볼품없는 유골함을 넣을 멋진 상자를 만들었다. 유골함을 더 잘 보호하려는 목적이었다. 그래서 우리는 "마르크는 최소한 추위는 타지 않겠다"며 농담했다.

그 볼품없는 유골함 안에 봉지가 있고, 그 봉지 안에 마르크가 있다. 그것이 그에게서 남아 있는 것이지만 제법 양이 많다. 묵직하고 투명한 비닐봉지에 재와 함께 있다.

그렇다, 나는 재를 확인했다. 꼭 한번 보고 싶다는 마음에서가 아니라 어느 시점에 문신을 하려고 했을 때 그 재가 좀 필요했기 때문이었다. 마르크 이름과 출생 및 사망 연도를 재가 들어간 잉크로 새기고 싶었다. 잘은 모르겠지만 가능할 듯싶었다. 멋지고 감각적인 것 같았다. 부모님도 마찬가지로 생각하고는 문신을 몹시 싫어하는 분들이지만 비용을 지불하겠다고 했다.

그래서 어느 날 아버지와 그 작은 땅속 무덤에서 마르크와 멋진 상자를 꺼냈다. 우리는 창고에서 조심스럽게 나사못을 돌려 유골함을 열었다. 매듭으로 묶여 있는 봉지를 아버지가 풀었다. 티스푼으로 마르크의 재를 한 숟갈 떴다. 아주 조금이었다. "양이 중요한 게 아니고, 넣는다는 데 의미가 있습니다"라고 문신을 해주는 장 폴 씨가 말했었기 때문이다. 우리는 한때 SD 카드가 들어있던 아주 작은 보관함에 마르크의 재를 넣었다. 다른 어떤 것도 얼른 떠오르지 않았다. 마르크가 그걸 보고 얼마나 웃을까 생각이 들었다. 카드 보관함을 은박지로 쌌다. 준비가 다 되었다.

오른팔 팔꿈치 바로 위에 문신을 새기고 난 후에도 마르크의 재는 꽤 남았다. 나는 아직도 그것을 외투 주머니에 넣고 다닌다. 딱히 어디에 두어야 할지도 모르겠고 이제 어디든 함께 다니는 것도 좋은 것 같다. 말도 안 되는 짓이라거나 신성모독이라고 생각하는 사람들도 있을 테지만 개의치 않는다. 난 기분이 좋으니까. 손을 주머니에 넣으면 그 기이한 꾸러미가 느껴진다. 마르크가 들어 있는 은박지로 싼 SD 카드 보관함이다. 아무도 볼 수 없고, 아무도 그것이 무엇인지 모른다. 나만 안다. 우리의 비밀을.

계속해서 투크 마을을 달린다. 저기 오른쪽에 드 까레(De Karre) 카페가 있다. 특별할 것 없는 보통 카페이지만 단골손님 20여 명이 1990년대 어느 때쯤 짧은 기간이나마 까레스포어(Karrespoor) 남성 합창단을 만들어 전국적인 명성을 얻은 적이 있다. 나막신을 신고 합창곡을 불렀다. 별로 들을 만한 종류의 곡들은 아니었지만 두 곡은 히트곡이었다. "멋진 남자"와 "트랙터를 타고 신나게"라는 곡이었다. 이 카페는 이 지역에서는 아직도 전설로 남아 있다.

마르크가 죽기 일주일 전, 마르크와 에디와 나는 그곳에서 셀카를 한 장 찍었다. 에디는 내 친구로 속도가 빠른 차를 좋아한다. 그는 닷지 챌린저(Dogde Challenger)를 갖고 있었는데, 마르크가 속도가 빠른 차를 타고 정말 빠르게 달려보면 굉장할 거 같다고 한 적이 있었다. 그래서 나는 에디에게 차를 갖고 오후에 들를 수 있는지 물었다. 우리는 우선 부모님 집 정원에서 빵을 먹고 난 뒤 달리기 시작했다. 나는 원래 뒷좌석용이 아닌 뒷좌석에 찌그러져 있었고 에디는 운전석에, 마르크는 조수석에 앉았다. 알코올 중독자니까, 그렇지 뭐!

"A32번 고속도로를 타고 무조건 투크로 달려!" 나는 에디에게 말했다. 에디는 그렇게 했다. 쭉 뻗은 고속도로에서 우리는 거의 시속 200킬로미터로 달렸다. 나는 무서워 죽는 줄 알았지만 마르크는 웃음을 멈추지 않았다.

투크에서 에디는 어렴풋이 나타나는 드 까레 카페를 보았다. 에디는 음악가이다. 그래서 에디는 인스타그램에 올리려고 우리와 카페를 배경으로 사진을 찍고 싶어 했다. 에디는 차를 거리 한가운데에 세웠지만 아무도 인상을 찡그리지 않았다. 투크와 스테인베이크에서는 닷지 챌린저를 흔히 볼 수 없기 때문이었다. 우리는 셀카를 찍었다. 볕에 타 구릿빛으로 그을린 얼굴, 활짝 웃는 모습, 빨간 스포츠카, 다소 황량해 보이는 카페. 그 사진 생각을 하면 나는 지금도 행복해진다.

나는 다시 스테인베이크에 있다.

마르크에 관해 생각하면 할수록 그에 관해 더욱 쓰고 싶고, 그를 더욱 잘 알지 못하는 것 같다는 생각이 든다. 내가 정말로 마르크에 관해 아는 게 뭘까? 우리는 과연 다른 사람을 얼마나 잘 알 수 있을까? 우리는 다른 사람의 머릿속을 들여다볼 수 없으며, 머릿속에 든 모든 것을 비밀로 유지하려는 사람이라면 특히나 더욱 모를 수밖에 없다. 우리의 어린 시절은, 그랬다, 아름답고 단순하고 촌스럽고 행복했다. 얼마나 많이 웃었는지, 얼마나 좋았는지 모른다!

하지만 그 외에 무엇이 있을까?

프랑스에서 보낸 방학을 떠올렸다. 아버지가 그때까지 장만했던 차 중에 가장 멋졌던 청색 르노16 뒷좌석에 앉아 먼 길을 달려갔다. 아버지는 운전하고 어머니는 빵과 과자, 그리고 한 시간이 지나면 벌써 미지근해지는 종이팩 음료수를 챙겼다. 안젤라는 가운데, 나는 아버지 뒷자리, 마르크는 어머니 뒷자리에 앉았다. 우리에겐 소니 워크맨과 레벨42(Level 42, 영국 펑크 록밴드), 다이어 스트레이츠(Dire Straits, 영국 록밴드), 펫 샵 보이즈(Pet Shop Boys, 영국 남성 듀엣)의 전집 카세트테이프가 있었다.

그리고 사브리나(Sabrina Salerno, 이탈리아 가수 겸 배우)의 카세트테이프도 갖고 갔었는데 젖가슴이 컸기 때문이었다. 워크맨에서 그것을 볼 수는 없었지만 사브리나가 수영장에서 다 비치는 손바닥만 한 작은 비키니만 걸치고 뛰어다니며 춤을 추는 모습을 익히 상상할 수 있었다. 그녀는 내내 뛰어다니며 춤을 추었기 때문에 상의를 계속 위로 치켜올려야 했다. 그러나 가끔 젖꼭지 일부가 노출되었다. 곧 10대가 되는 소년에게는 당연히 매우 선정적이었다.

배터리가 얼마나 쌓여있는지 생각했다. 워크맨은 쉽게 배터리가 방전되기 때문이었다.

뒷좌석의 찜통더위가 떠올랐다. 그러나 찜통더위는 중요하지 않았다. 우리가 여행을 떠나고 있고, 방학이고, 창문이 열려 있었고, 바람이 얼굴에 불고 있었기 때문이었다. 어머니는 감기에 걸린다며 그렇게 바람을 맞지 말라고 했지만 우리는 개의치 않았다. 그런 것은 각자 알아서 할 일이니까.

처음에는 차 뒤에 텐트 트레일러가 달려있다가 나중에는 캐러밴이 달렸다.

우리는 네덜란드 사람이 거의 없는 호젓한 캠핑장으로 갔었다. 캠핑장 중 한 곳에 디스코텍이 있었다. 지금은 클럽이라고 불리는 곳이다. 클럽은 미국의 관능적인 배우 마릴린(Marilyn Monroe)의 이름을 딴 '마릴린'이었다. 우리는 딱 한 번 입장할 수 있었다. 아마 어린이를 위한 밤인가, 그랬을 것이다. 잔뜩 흥분했다.

머리에 젤을 발랐다. 춤은 추지 않았다. 춤은 여자애들이나 추는 것이었다. 심지어 레벨42의 노래까지 틀어줬는데 우리는 그 노래를 알았기에 기분이 끝내줬다. 그곳에서는 "니보 꺄랑뜨되(Niveau Quarante-deux, 레벨42의 프랑스식 발음)"라고 부르긴 했지만 말이다. 정말로 그랬다. 한참 세월이 흘러서도 우리는 그것 때문에 자주 웃었다.

"바보 같은 프랑스 사람들 같으니라고."

조금 세월이 지난 후인 고등학교 시절에 대해 생각했다. 그때는 별로 방탕하지 않았다. 우리 둘 다 상당히 착한 아이들이어서 한 번도 문제를 일으키지 않았으며, 선생님 한 분은 마르크를 "침묵의 섬"이라고까지 불렀다. 선생님의 그 말은 본인이 상상할 수 있는 것보다 훨씬 더 진실에 가까웠다. 마르크는 정말로 그랬다. "섬"이라는 말이 외따로 떨어져 있는 것처럼 들리긴 하지만 꼭 그런 것만은 아니었다. 머릿속에서는 그랬을지 몰라도 말이다. 그렇다, 그것은 나중에 항상 자신을 감추기 위해 가면을 썼다고 의사에게 이야기하면서 사실임이 밝혀졌다. 그렇지만 친구가 꽤 있었다. 언제나 친구들이 있었다. 그리고 여자아이들은 언제나 마르크가 다정하다고 여겼다. 별로 다정하게 대한 일도 없었건만 그래도 다정하다고 여겼다. 마르크는 별난 아이가 아니었다. 단지 말을 많이 하지 않았을 뿐이고, 말을 할 때는 마지못해 어쩔 수 없이 해야 하는 경우였다. 그는 관심을 한 몸에 받는 것을 좋아하지 않았다. 전면에 나서지 않는 것을 더 편안하게 느꼈다.

하지만 더 뭐가 있을까?

그에 관하여 나는 정말로 뭘 알고 있을까?

마르크는 누구였을까?

내가 알고 있는 것은 온통 아주 오래전의 기억을 더듬은 것이다. 그리고 살아있던 마지막 몇 달과 일기와 재활센터에서 썼던 기록과 몇 번 되지 않는 동반 여행을 가거나 허드렛일을 하거나 술집에 갔을 때 내게 말해주었던 것들이다.

나는 그를 사랑했고, 지금도 사랑한다. 그는 내 동생이고 그의 이름이 내 살갗에 영원히 새겨져 있다. 그러나 무엇이 정말로 그를 그렇게 내몰았는지, 그가 정말로 누구였는지 묻는다면……

모르겠다.

그가 죽고 나서 시간이 지날수록 그의 죽음이 더 비통하게 느껴진다. 나는 왜 더 많은 것을 해주지 못했을까? 동생을 알기 위해, 껍질을 깨고 나오게 하기 위해, 왜 좀 더 최선을 다하지 않았을까? 그렇게 했더라도 그를 살려내지는 못했을 거라는 확신을 확실하게 갖고 있음에도 불구하고 그런 생각이 끊임없이 나를 괴롭힌다. 특히 이곳 스테인베이크에서 홀로 생각에 잠겨 우리의 어린 시절을 관통하며 달려갈 때면 더욱 괴롭다.

이를 악물고 속도를 높인다. 생각하는 것을 그만두기 위해서이다. 육체적 고통은 정신적 고통을 뒷전으로 물러나게 한다. 마르크가 술로 시도한 것과 같다. 술은 자신이 정말로 누구인지, 뒤죽박죽된 머릿속을 어떻게 감당해야 하는지 생각하지 않으려고 마신 것이었다.

저기 얍(Jaap) 씨가 살았던 집이 있다. 화원 일을 그만두고 다시 일했던 음반가게 주인이었다. 얍 씨는 시가를 끊고는 일반 담배를 피웠다.

얍 씨와 함께 있으면 웃음이 터져 나왔다. 그는 원래 아머스포르트 출신이지만 수년 동안 스테인베이크에 살고 있었다. 아름다운 부인과 예쁜 딸이 둘 있었다. 그중 한 명과 초등학교 때 교실에서 짝꿍이었다. 아마 그래서 훗날 그 일자리를 얻지 않았나 싶다.

나는 음악에 관하여, 돈에 관하여, 짜증나는 손님들을 어떻게 상대해야 하는지에 관하여 배웠다. 그리고 잡담하는 것도 배웠다. 얍 씨가 싱겁고 너절한 수다를 대단히 즐겼기 때문이다. 그는 핵심을 찌르며 농담을 건네는 사람이었다.

나중에 스테인베이크를 떠날 때 나는 마르크에게 그곳에 가서 일해 보는 게 어떻겠냐고 제안했다. 마르크는 생각만 해도 진땀난다고 했다. 사람들을 상대하고, 모르는 사람과 넙죽넙죽 말을 하는 익살스러운 사람과 함께 일을 하라니, 당치도 않은 소리라고 했다.

이제 와서 생각해보니, 그 일이 그에게 아주 좋았을 거라는 생각도 든다. 다른 방향에서 보고 새로운 사고방식을 배우도록 가르쳤을 수도 있겠다는 생각, 말이다.

하지만 그렇지도 않았을 것이다.

오후 5시가 지났기에 나는 중심지를 통과하는 경로를 택했다. 중심지라는 말은 과장된 말이다. 실제로는 서너 블록에 걸쳐 상점 몇 개가 있을 뿐이다. 어쨌든 그래도 중심지이긴 하다.

헷 판지에(Café 't Pantje) 카페를 지나갔다. 오랫동안 우리의 단골 카페였다. 전체적으로 아주 작고 퀴퀴한 냄새가 나는 카페로, 병마개를 들어 올려 따는 그롤쉬(Grolsch) 맥주와 부드러운 샌드위치를 먹을 수 있었다. 그곳에는 언제나 술과 담배로 얼굴이 찌든 재미있는 바텐더들이 있었다. 그곳에서는 모두가 담배를 피웠다. 모두가 취하도록 마셨다. 달리 무얼 하겠는가.

헹크 씨는 그 카페에서 구석에 앉아 있곤 했다. 니코틴으로 찌든 작은 창문 앞이었다. 늘 그 자리였다. 살찐 노인으로 얼굴이 꼭 방금 막대기로 주둥이를 때린 잉어 같았다.

알코올 중독자였다.

내 생각에는 인종차별주의자이기도 했지만 확실하지는 않다. 그가 하는 말을 제대로 이해한 적이 없기 때문이다. 불분명하게 웅얼거리며 말하는 데다 나조차도 알아들을 수 없는 억센 스테인베이크 사투리를 썼기에 그랬다. 게다가 늘 술에 취해 있었다. 의사소통이 거의 불가능했다. 우리는 그를 애처롭게 여겼지만 남몰래 웃음거리로 삼기도 했다.

"네가 저렇게 되면 어쩌지." 우리는 툭하면 서로에게 말했다.

"젠장, 그건 생지옥이지."

좌우간 헹크 씨는 오래전에 죽었다.

부모님은 그 카페를 마음에 들어 하지 않았지만 달리 선택할 곳이 없었다. 로코모션(Locomotion)이라는 디스코텍이 있었으나 우리는 여전히 춤은 여자들이나 추는 것으로 생각했다. 나는 한 번인가 그곳에 갔었던 것 같다. 마르크는 간 적이 없었다. 로코모션은 그사이 화재로 전소됐다. 다른 디스코텍은 지어지지 않았다.

시장 광장에 도착했다. 몇 사람을 제외하곤 비어 있었다. 얼마 후 여름철이 되면 테라스가 다시 들어설 것이다. 암스테르담 중심지에 있는 테라스와 달리 이곳에서는 언제든 자리를 확보할 수 있다. 작년에 부모님과 마르크와 이곳에 왔었다. 6월이었고 마르크에게는 한 달이 남아 있었다. 당시 죽을 날짜는 확정되지 않았었지만 끝이 보이는 게 분명했다. 우리는 와인 몇 잔을 마시고 미트볼을 먹었으며, 마르크는 끊임없이 카멜 담배를 피웠다. 마르크와 나는 셀카를 찍었다. 우리는 사진 찍을 때 웃음을 지었다. 웨이터에게 넷이 나오게 사진을 한 장 찍어달라고 부탁했다. 그 사진에서도 우리는 웃음을 지었다.

자긴 자신, 혹은 동생, 아니면 자식이 한 달 후에 더는 존재하지 않을 거라는 것을 알면서도 웃으며 사진 찍는다는 게 이상하지 않은가?

냉정한 사람인가?

아니면 어리석은 사람인가?

현실을 감추려는 시도인가?

아니면 죽는다는 사실에 관하여 너무 많이 생각하지 말자거나, 아니면 단지 그러한 사진을 갖는 것이 좋아서일까? 되돌아보면서 생각하기 위해서다. '아직은 그리 나쁘지 않아. 봐, 우린 웃고 있잖아. 다 잘 될 거야. 우린 이겨낼 수 있을 거야.'

조금 뒤 차로 돌아갈 때 마르크는 담배를 새로 한 갑 사야 했다. 계산대에 있던 친절한 여자 점원이 스탬프 적립 행사에 참여할지 물었다. 마르크는 참여하지 않았다. 그녀는 "적립 행사는 아주 좋은 행사이고 예쁜 물건들을 사는데 돈을 아낄 수 있다"고 했다. 마르크는 공손하게 웃으며 "정말로 진짜 필요 없지만 어쨌든 고맙다"고 했다.

적립할 시기는 이미 지났다.

그사이 종아리처럼 이제 폐도 욱신욱신 쑤셔왔다. 내 능력에 비해 너무 빨리 달렸다. 마치 마르크가 태국에서 돌아온 직후 같았다. 마르크는 회복하려고 태국의 재활센터에 입원했었다. 몇 번째인지 모를 정도의 입원이었다. 네덜란드 단체의 소개를 받아 방콕 어딘가에서 몇 달간 머물렀었다. 처음에는 그곳이 형편없고 시설이 열악하다는 문자메시지를 보내왔다. 그러나 일주일이 지나자 문자메시지는 더 이상 오지 않았다. 간혹 잘 지내고 있다는 소식과 피부가 탔다는 소식, 그리고 다시 살 수 있을 것 같다는 소식을 전했다.

다시 돌아왔을 때 그는 재활과정을 마친 뒤 자주 그랬던 것처럼 무척 들떠 있었다. 말랐으나 근육이 붙었고 정말로 구릿빛으로 그을려 있었다. 좋아 보였으며, 그곳에서 만났던 여자에 대해 이야기했다. "뭐, 특별히 이렇다 할 건 없어. 하지만 그래도 좋았어."

그때는 마르크가 달리 있을 곳이 없어서 나와 까르레인과 함께 잠시 살던 때였다. 그 기간은 몇 주 후 몰래 술을 마시다 벽에 라자냐로 도배를 하고 우리와 말다툼을 벌이는 것으로 끝났다.

그러나 처음 몇 주 동안 그의 기분은 최고였고, 이미 술을 마셨어도 그 사실을 감쪽같이 감추었다. 우리는 자주 스쿼시를 했으며 방콕에서 돌아온 지 이틀 뒤에 암스테르담 숲 공원으로 조깅을 하러 갔다. 그전에는 함께 조깅한 적이 없었다.

천천히 달리기 시작했지만, 얼마 안 가 마르크가 속도를 냈다. 그는 언제나 뭐든지 잘하고 싶어 했다. 기타 연주이든 보청기를 파는 것이든.

그는 매우 빨리 달렸다. 나는 겨우 보조를 맞추었다.

그는 20분이 지나자 멈추어야 했다. 체력을 너무 많이 소모했고 시차도 있었기 때문이다. 그런데 달리기는 아무것도 아니었다. "오후에 잠시 스쿼시나 하러 가자"고 그가 말했다.

마지막 구간으로 마르크와 여동생과 내가 다녔고, 당시 아버지가 가르쳤던 초등학교를 지나갔다. "무슨 상관이야." 당시 그렇게 말했었다. 아버지가 교장이었다는 사실은 아무 상관없었다. 실제로는 즐겁기도 했다. 아버지는 훌륭한 교장이었기 때문이다. 가끔 어릴 적 친구들에게서 아버지가 훌륭한 교장이었다는 말을 듣는다. 아마도 나이가 들어가면서 향수에 젖어 시간이 언짢은 기억을 먼지로 덮었을지도 모른다. 그래서 언짢은 기억을 더 이상 찾을 수 없을지도 모른다. 그 시절을 생각하면 좋은 기억만 떠오른다. 그때는 안전했고 좋았고 즐거웠다. 우리에겐 남자친구들과 여자친구들이 있었고, 집으로 걸어갈 수 있었고, 모든 것이 부드럽고 달콤했다.

스포츠 시계가 10킬로미터를 달렸다고 표시했다. 상당히 잘 달렸다는 생각이 든다. 나는 더 이상 스무 살도 아니고, 서른 살도 아니다.

마지막으로 남은 구간은 걸었다. 학교 운동장에서 부모님의 집을 보았다. 우리가 자란 곳이다. 두말할 나위 없이 영원히 변하지 않는 안전한 항구이다.

살면서 그렇게 안전하다는 느낌을 과연 다시 온전히 느낄 수 있을까 싶다.

마르크가 죽은 첫날밤을 회상했다. 언제나 내 방이었으며, 처음에 핑크 팬더(Pink Panther, 미국 애니메이션)의 포스터들을 걸어놓았다가 나중에 돌리 도츠(Dolly Dots, 네덜란드 6인조 여성 그룹)의 포스터를, 더 나중에는 두 마(Doe Maar, 네덜란드 스카밴드)의 포스터를 걸어 놓았던 그 방에서 뜬눈으로 밤을 보냈다.

그 방에서 마르크와 나는 누가 어떤 플레이모빌 조각을 가질 것인가를 놓고 말싸움을 벌이기도 했다. 그리고 최신형 컴퓨터였던 코모도어64(Commodore64, 코모도어 인터내셔널이 1982년에 내놓은 8비트 가정용 컴퓨터)로 처음으로 컴퓨터 게임을 하기도 했다.

마르크가 죽은 이래 나는 더 이상 편하게 잠을 자지 못한다.

솔직히 말하면 밤이 빨리 지나가 버렸으면 좋겠다.

아름다운 기억들은 언제나 잠시 나쁜 기억에 무너진다. 매일 아침 아래층으로 내려올 때마다 거실에 교황처럼 있는 하얀 관이 다시 보인다.

아직도 보인다.

제 16 화

 동생은 알코올 중독자라서 죽은 것이 아니다. 중독은 안락사에 일조한 것이 아니다. 비틀거리는 몸은 어쨌든 수년 동안 그를 버려놓았을 가능성이 높지만, 그것이 안락사가 승인된 이유는 아니었다.

 그러한 일은 알코올 중독자에게는 일어나지 않는다.

 절대 일어나지 않는다.

 네덜란드에서도 마찬가지이다. 아니다, "네덜란드에서는 의사들이 치명적인 독극물이 가득 찬 주사기로 무장한 채 거리를 걸어 다닌다. 네덜란드 사람들은 병자나 중독자나 고령자나 골치 아픈 사람들을 제거한다."

 아무튼 이 책이 출간되기 전에 발표한 내용을 구글 번역기에 밀어 넣은 여러 외국 언론의 논조는 이랬고, 지금도 이렇다. 그들은 "전대미문. 이 나라 사람들은 미쳤다"고 생각한다.

영국의 타블로이드지 「더데일리메일(The Daily Mail)」은 대문짝만하게 다룬 것으로 밝혀졌다. 이 책이 출간된다는 소식이 알려지자 일주일 뒤에 네덜란드 안락사법이 마흔한 살의 알코올 중독자를 죽이기 위해 사용되었다고 대서특필한 것이었다. 불에 기름을 더 붓는 격으로, 어떤 반론에도 아랑곳하지 않고 맹목적인 몇몇 하원의원들의 말을 인용했는데, 그들은 "정신적 질환을 앓는 사람", "우리가 정상적이라고 부르는 것과는 다른 것을 위해 싸우거나 다른 삶을 살려고 싸우는 사람들"에게 네덜란드는 "미끄러운 얼음장"이고 "극도로 위험한 곳"이라고 언급했다.

그 기사는 신문 기사로 다시 인용되었으며 중국에서부터 러시아에 이르기까지 전 세계 인터넷 언론도 받아 적었다.

그 후 인터뷰 요청이 쇄도했다. 스칸디나비아와 뉴질랜드의 잘 알려지지 않은 인터넷 매체에서부터 영국의 BBC와 프랑스의 TV5까지 이르렀다. BBC와 TV5, 또 몇 군데의 독일 및 미국 신문을 제외하고 대부분 기자들의 논조는 "네덜란드, 완전히 미친 거 아냐?"였다.

대부분의 기자는 전혀 답변을 원하지 않았다. 그들은 이미 답을 갖고 있었다. 다시 말해, 그들은 답이 무엇인지 정확히 알고 있었다. 죽는 것을 도와주는 것은 안 된다는 것이었다. 절대로. 사람은 어차피 죽을 운명이기에 가능한 한 오래 살아야 한다는 것이었다. 고통이 있든 없든 삶은 계속되어야 한다는 것이다. 하나님이든 아니면 다른 초자연적 존재든 그렇게 의도했기 때문이란다.

기자들은 동생의 사진을 싣고 싶어 했다. 사진을 이메일로 보내줄 수 있는지 물었다. 저작권료는 무료로, 빨리 좀 보내 달라고 요구했다. 마감 시간이 임박했다면서.

온라인상에는 여전히 동생에 대한 기사가 몰래 훔친 사진과 함께 게재되어 있다. 네덜란드 사람들이 얼마나 끔찍한지, 부모님과 여동생과 내가 얼마나 나쁜 사람인지, 그리고 우리가 안락사를 허용했으며, 안락사를 시행하고 허용하는 의사들이 있다는 내용이다.

우리는 온라인상에서 익명의 독자들에게 댓글로 난도질당했다. 그중에서도 특히 광적인 종교인들은 종교적인 사랑의 메시지는 제쳐놓은 채 제어되지 않는 분노를 표출하였다.

그들은 우리에게 다른 사람의 도움을 받지 말고 죽으라고 했다. "달리는 기차에 뛰어들어라, 10층에 사는 이웃집 여자의 발코니를 이용해라, 뼈도 잘리는 칼로 핏줄을 잘라라, 모든 것을 해라, 단, 도움을 구하지 마라. 그 도움은 죽은 뒤에 모든 사람들이 항상 이야기하듯 결국엔 저 위의 하늘에서 온다. 그때까지는 혼자 알아서 살아야 한다. 음, 혼자라면 그런 사람들을 위한 병원이 있지 않은가? 병자나 중독자들을 치료해줄 수 있는 곳들도 여럿 있지 않은가? 그리고 한 번의 입원으로 충분하지 않으면 도움이 될 때까지 계속 입원하면 된다. 하지만 우리는 죽음을 도와주지는 않을 것이다. 모든 사람은 구원받을 수 있다." 등등이었다.

바로 거기에 문제가 있다. 왜냐하면 모든 사람이 구원받을 수 있는 것은 아니기 때문이다. 더 이상 약으로도 대처할 수 없는 지독히도 파괴적인 형태의 암을 앓는 사람이 있는 것처럼, 정신적으로 병이 나서 어떠한 치료법이나 약으로도 대처할 수 없는 사람도 있다. 갖은 방법을 다 써 봐도, 정신과 의사가 아무리 뛰어나더라도, 도움이 되지 않는 사람이 있다.

내 동생이 그런 사람이었다.

몇 가지 복잡한 정신적 장애를 가진 다정하고 매력적이고 착한 남자였다. 다소 자기애성 성격장애가 있고, 불안장애와 우울증, 공감능력 결핍을 앓는 남자였고, 결과적으로 알코올 문제가 생겼다. 그는 머리가 병들었고, 두려움과 우울증을 술로 없애려고 했다. 그것은 좋은 생각이 아닌 것으로 판명났다. 절대로 좋은 생각이 아니었다.

중독으로 인해 식은땀에 젖은 축축한 손이 자신의 목을 더욱더 세게 옥죄었다.

자식들이 태어났음에도 불구하고, 사업가로서 성공했음에도 불구하고, 고급 주택과 고급 차, 사우나를 갖추고 살았음에도 불구하고 어쩔 도리가 없었다.

아무것도 도움이 되지 않았다.

마르크는 치료될 수 없었다.

그에게 안락사가 승인되었던 이유다.

그가 죽은 이유다.

_부모님의 "감사 메일"에서

애정을 갖고 지켜봐 주신 여러분,

우리는 30일 동안 마르크를 집에 데리고 있을 수 있었습니다. 26일째가 되던 지난 7월 14일 마르크는 떠났습니다. 우리는 매우 특별한 시간을 보냈습니다.

마르크가 살아있는 동안에도, 그리고 떠난 후에도 우리 부부를 슬픔에서 벗어나도록 도와준 것은 여러분의 많은 편지와 카드, 꽃다발, 왓츠앱 메시지, 문자메시지, 그리고 격려와 사랑으로 인도하는 아름다운 글이 담긴 수없이 많은 가슴 따뜻한 이메일이었습니다……! 여러분께서 우리를 찾아주신 것은 무척이나 좋았고 무척이나 소중했습니다! 비할 데 없는 특별한 것이었습니다.

여러분께 진심으로 감사의 인사를 드립니다. 그리고 앞으로도 우리와 늘 가까이 있기를 바라봅니다.

여성시인 이다 헤어하르트(Ida Gerhardt)의 시 "망자" 중에서—마음대로 발췌하여—옮겨봅니다.

"그리고 이제 그의 육신은 소멸되고, 이제 우리 안에서 소생할지니……."

우리는 그렇게 느끼고 경험하였으며, 앞으로 용기를 갖고 헤쳐나가고자 합니다!
이 모든 것에 감사드립니다!

_2016년 8월, 스테인베이크에서

제 17 화

"삶은 x 같고 이러다 죽겠지."

나도 안다. 뻔하디뻔한 진부한 말이라는 것을. 진부하면서도 상당히 냉소적인 말이기도 하다. 그러나 모든 진부한 말이 그렇듯 진실에서 크게 벗어나지는 않는다.

마르크는 죽기 몇 년 전 이 말을 팔뚝에 문신으로 새겼다. 상당히 엉성하고 모양새 없는 대문자로 새겼다. 마르크에 따르면 세계적으로 유명한 암스테르담의 문신 예술가이자 배가 엄청나게 나온 "배불뚝이 데니스(Dikke Dennis)"가 인사불성이 되도록 취한 상태에서 새겼다고 했다. 그 말이 사실인지 아닌지는 몰라도 어쨌든 최고의 문신은 아니었다. 조잡한 데다 글자 중 하나는 몹시 불분명해서 두 번을 봐야 정확히 무슨 글자인지 알 수 있었.

마르크는 그 문신을 보며 웃음을 터뜨릴 수 있었다. 인생에서 모든 것이 실패했는데, 거기다 문신도 보태야겠다고 했다.

그런 농담, 특히 자신에 대한 그런 짓궂은 농담이 그립다.

내가 재미있는 것을 보거나 읽으면 언제나 문자를 보냈던 그 녀석이 그립다. 죽고 나서 처음 몇 달 동안 나는 전화기를 쥐고 있었다. 마르크에게 이런저런 영상과 기사, 사진을 보내곤 했다. 물론 녀석이 죽었다는 것을 깨닫게 되기까지는 1초도 걸리지 않았지만 말이다.

가슴이 찌르는 듯 아프다.
눈에 실핏줄이 벌겋다.
이런 빌어먹을.

결국 그가 옳았다.

삶이 x 같다는 것, 그러다 결국엔 죽을 거라는 말이 옳다는 말이 아니다. 그것은 이미 알고 있는 것이었다. 그가 더 이상 존재하지 않을 때 우리가 어깨에 짊어져야 할 짐에 관해서 그가 옳았다는 말이다.

내 동생이었지만 마지막 몇 년 동안 그는 짐이기도 했다. 짐이라고 쓰면서 짐처럼 바라보는 것이 잘못되었다고 느끼고, 그렇게 하면 부모님과 여동생의 마음을 아프게 한다는 것을 잘 알고 있지만, 그는 짐이었다.

마르크는 생애 마지막 몇 년 동안 더 이상 과거의 조용하고 착한 녀석이 아니었다. 우울증과 불안장애, 그리고 흑맥주로 가득 찬 얼음처럼 차가운 욕조에서 익사하고 있었다. 마르크는 더 이상 "우리"의 마르크가 아니었다. 어쩌면 훨씬 더 먼 옛날부터 무수히 고통을 겪었을 것이고, 생애 마지막 달인 그 짧은 시간조차도 온갖 고통을 겪었겠지만, 그중에서도 지난 8년 동안 그는 극심한 고통에 시달리는 영혼이었으며, 그런 사람과 함께 살아가는 것은 힘든 일이었다. 나에게도 힘든 게 사실이었지만, 나보다 훨씬 더 가까이에서 겪은 전부인이라든가 아이들, 여동생, 부모님에게는 더욱 힘든 일이었을 것이다.

최근 몇 달은 평온해졌다.

우리 가족의 대화는 이제 더 이상 마르크를 어떻게 해야 할지에 관한 것이 아니다.

그가 어디에 있는지, 무엇을 하고 있는지, 다시 술을 마시는지 안 마시는지, 마신다면 누구와 마시는지, 이번에 입원한 병원은 드디어 효과를 보지 않을까?와 같은 대화가 아니다.

대화는 8년 전에 나누었던 대화와 같은 것들이다.

손자들, 가족 파티, 일과 운동, 땅에 쓰러진 울타리 따위에 관하여 대화한다. 트럼프 미국 대통령과 뤼터 총리(Mark Rutte, 네덜란드 총리)에 관하여, 이넥(Eva Jinek, 언론인)과 빠-우(Jeroen Pauw, 대담 프로그램 진행자)와 움베르또(Humberto Tan, 대담 프로그램 진행자)와 마떼이스(Matthijs van Nieuwkerk, 대담 프로그램 진행자)에 관하여, 어떤 정원이 그토록 잘 가꾸어졌는지에 관하여, 테러 행위와 장보기에 관하여, 면밀한 투자로서 알버트하인 슈퍼마켓의 구매 스탬프에 관하여, 지붕 홈통에 가득 찬 나뭇잎들과 펑크 난 타이어에 관하여 대화한다.

이웃집 여자와 목사에 관하여, 휴가와 최종적으로 다시 휴가를 가는 것에 관하여, 디젤유의 가격에 관하여, 싱싱한 청어를 구입하기 가장 좋은 곳에 관하여 대화한다.

아이들을 위한 학교에 관하여, 머리가 빠져 대머리가 되는 것과 올해 크리스마스에는 무엇을 할 것인지에 관하여 대화한다. "애들아, 올해 크리스마스에는 뭘 할까?"

삶과 일상적인 것들, 다른 여러 가정에서 나누는 것과 같은 시시한 대화들이다.

그리고 마르크에 관하여다.

당연히 마르크에 관한 대화로 옮겨간다.

하지만 다르다. 약간 가공한다. 더 이상 문젯거리나 두려움,

희망에 관한 대화가 아니다. 마르크가 어떤 사람이었고, 이 모든 일이 벌어지기 전에 얼마나 착하고 멋진 사람이었는지에 관한 대화이다. 살아있던 마지막 달에 우리가 잠시 되찾은 마르크, 모든 것이 아직 좋았던 시절의 마르크에 관한 대화이다.

당연히 우리는 그 고통을 영원히 떨쳐낼 수 없을 것이다. 우리는 마르크를 보살피는 것이 어떤 것이었는지, 화를 내는 것이 어떤 것이었는지, 슬프고, 마음졸이고, 비참한 것이 어떤 것이었는지 절대 잊지 못할 것이다. 그가 우리 품에 안겨 죽어가는 걸 보는 것이 어떤 것이었는지 결코 잊지 못할 것이다.

당연히 때로는 너무 가슴이 아파서 한밤중에 식은땀을 흘리며 일어나 밖으로 나가 신선한 공기를 들이마셔야 한다. 모든 게 별일 없는지, 이웃들이 단지 말다툼을 벌이는 것인지, 고양이들이 우리 집 정원에 똥을 싸는지, 사미가 쌔근쌔근 자고 있는지 확인하기 위해서이다.

당연히 가슴이 미어진다.

당연히 아버지는 지난 1년 사이 10년은 더 늙어 보이게 되었고, 어머니는 식사를 잘하는데도 불구하고 예전보다 더 야위었으며, 여동생은 지난 8년간 잘 대처해왔기 때문에 가끔은 더 이상은 참지 못한다. 나는 그들에게서 그런 모습을 보고, 그들도 그런 자신들의 모습을 본다.

"눈이 환하게 잘 안 보이는 것 같다. 침침해." 어머니가 최근에 말했다.

당연히 그 말도 가슴이 아프다.

그러나 찌르는 듯한 고통은 빠져나갔다. 불확실한 상황으로 인해 사라지지 않았던 고통은 이제 애도라고 불리는 것에 자리를 내주었다.

애도는 집합명사다.

애도는 명쾌한 것이 아니다. 애도는 싸워서는 안 되는 순간에 가장 사랑하는 사람에게 싸움을 거는 것이다. 더 슬로우 쇼 밴드의 "평범한 삶"을 들으며 잠시 목 놓아 울부짖는 것이다. 혹은 새와 아무 관련이 없는데도 지빠귀의 울음소리에 눈물을 흘리는 것이다. "이봐, 정상적으로 행동해"라고 생각하는 것, 그것이다.

애도는 나흘 연속 밤마다 열 시간을 잤어도 피곤한 것이다. 애도는 일해야 하는데도 의욕이 없는 것이다. 애도는 친구들을 그리워하면서도 만나고 싶어 하지 않는 것이다. 애도는 증오, 분노, 고통, 슬픔, 젠장, 제기랄, 빌어먹을, 개자식이다.

애도는 밤늦은 시간에 전화벨이 울릴 때 여전히 소스라치게 놀라는 것이다. 그리고 그가 다시는, 결코 다시는 돌아오지 않는다는 것을 깨닫는 것이다.

애도는 자식을, 동생을 잃었다는 것을 아는 것이며, 그러니 그것에 대처하는 법을 배워야 하는 것이다. 인생은 짧고 시계는 계속 째깍거리고 하루 종일 아무 것도 하지 않는 것은 말도 안 되기 때문이다.

애도는 계속해서 살아가야 한다는 것, 삶이 꽤 아름답다는 것을 다시 인식하는 법을 배워야겠다는 것, 삶을 즐기고 싶은 마음이 들지 않더라도 즐길 수 있는 것들이 있다는 것을 깨닫는 것이다.

애도는 계속해서, 계속, 계속하는 것이다.

그러다 가끔 가만히 있는 것이다.

내가 그를 얼마나 그리워하는지 깨닫기 위해서다.

그에게 바로 그 말을 하기 위해서다.

그가 그 말을 더는 들을 수 없을지라도.

어이, 형씨, 보고 싶다.

옮긴이의 말

옮기면서 많이 울었다. 누군가의 아픔과 슬픔이 고스란히 드러나는 글을 옮긴다는 것은 그 자체로 고통스런 일이기도 하다. 하지만 그래도 "삶은 계속되기"에 우리는 "삶이 꽤 아름답다는 것을 다시 인식하는 법을 배우며", "삶을 즐기고 싶은 마음이 들지 않더라도 즐길 수 있는 것들이 있다는 것을 깨닫게" 된다. 이 책이 죽음을 이야기하고 있지만 동시에 삶을 권하고 있는 연유이다.

안락사를 선택할 수밖에 없었던 동생의 마지막 모습을 지켜보며 기록한 이 책은 출간 전후로 논란과 화제를 불러일으켰다. 특히나 주인공은 더 이상 치료가 불가능한 말기암 환자도 아니고 7, 80대의 고령도 아니다. 한때 사업적으로 잘 나갔던 남자, 고급 주택과 고급 차, 사우나까지 갖추고 살며 완벽하게 행복해 보였던 남자이기에 파장은 더했다. 안락사 찬반 여부를 떠나 우리나라 독자들로서는 불안장애와 우울증 등 정신적 질병과 알코올 중독의 고통을 이겨내지 못하고 41세의 나이로 안락사를 시행하는 과정을 통해 '세계 최초로 법적으로 안락사를 허용한 나라 네덜란드'에서는 실제로 어떻게 안락사가 이루어지는지를 제대로 들여다볼 수 있는 유일한 책이다. 네덜란드 내에서도 그 과정은 잘 알려지지 않았었기에 독자들의 반응 역시 뜨거웠다. 본문에서도 나오지만 이 책이 출간된다는 소식이 전해지자 "네덜란드 안락사법이 마흔한 살의 알코올 중독자를 죽이기 위해 사용되었다"면서 "정신적 질환을 앓는 사람", "우리가 정상적이라고 부르는 것과는 다른 것을 위해 싸우거나 다른 삶을 살려고 싸우는 사람들"에게 네덜란드는 "미끄러운 얼음장"이고 "극도로 위험한 곳"이라는 식의 반응을 보였다. 독일환자협회는 "네덜란드가 위기에 처한 사람들에게 위험한 나라가 되었다"고 했으며 영국의 한 정치인은 "알코올 중독으로 고통받는 사람에게 필요한 것은 안락사가 아니라 중독을 없애기 위한 지원과 치료"라고 했다.

안락사란 치료할 수 없거나 극도로 고통스러운 질병으로 진단된 환자의 고통을 덜어주기 위해 삶을 종결시키는 것을 의미한다. 자발적 안락사는 환자의 요청에 따라 환자의 삶을 끝내는 것을 말하며, 비자발적 안락사는 환자가 동의할 능력이 없거나 사전에 결정하지 않았을 때 환자의 삶을 끝내는 것을 의미한다. 이 두 가지 형태의 안락사는 관습법에 따르면 살인으로 간주된다. 2018년 3월 현재 안락사를 합법적으로 인정하는 나라는 네덜란드, 벨기에, 콜롬비아, 룩셈부르크, 캐나다이며, 다른 사람이 의도적으로 자살하는 데 도움을 주는 행위를 말하는 조력자살을 허용하는 나라는 스위스, 독일, 네덜란드, 호주 빅토리아주 및 미국의 캘리포니아와 메인(2020년 1월 1일부터 시행) 등 몇몇 주이다.

네덜란드는 이미 1973년부터 안락사에 대한 캠페인을 벌여 왔으며, 1981년부터 개선의 전망이 없이 참을 수 없는 고통을 겪는 사람들에게 자발적 안락사와 의사에 의한 조력자살이 이루어졌다. 법적으로 인정하기 시작한 것은 2002년 4월 1일, "안락사 및 안락사협조 심의법(Toetsing levensbeeindiging op verzoek en hulp bij zelfdoding)"이 발효된 이후부터이다. 네덜란드 왕립의학협회는 안락사(조력자살 포함)를 "충분한 정보에 입각한 환자의 자발적 요청에 의한 적극적 삶의 종결"로 정의한다. 육체적 고통뿐만 아니라 정신적 고통도 안락사의 근거로 인정했다. 12세에서 16세까지는 요청할 수는 있지만 부모의 동의가 있어야 하며, 16세와 17세는 요청할 수는 있지만 부모에게 고지해야 한다. 정신적 고통 안락사는 전체 안락사의 1% 남짓이다.

안락사의 요건은 아주 엄격하고 최소 두 명의 의사가 요청을 승인해야 한다. 환자가 자발적으로 요청을 해야 하고, 그 요청은 지속적이고 일관되어야 하며, 환자에게 회복의 가능성이 없고,

정신적 육체적으로 참을 수 없는 고통이 있을 때, 그리고 더 이상 치료의 대안이 없을 때 의사에 의해서 의학적으로 적절한 방식으로(주로 약물 투여) 이루어진다. 환자의 사례에 따라 기간은 다양하지만 마르크의 경우 1년 6개월의 기다림 끝에 시행되었으며("간절히 죽기를 원한다면 그 시간은 매우 오랜 시간인 것으로 보인다.") 의사가 약물을 투여한 뒤에는 "모든 것이 합법적으로 진행되었는지, 또 모든 서류가 정상적으로 작성되었는지 검시관이 이중으로 점검하며, 검시관은 다시 검사에게 통보하고" 그런 다음에야 시신을 옮겨서 장례 절차를 밟을 수 있다.

   수십 년을 거치면서 네덜란드의 분위기는 전반적으로 안락사를 수용하는 입장으로 바뀌었으며, 해마다 안락사는 꾸준히 증가해 왔다. 지역안락사위원회(Regionale Toetsingscommissies Euthanasie)에 따르면 2017년 6,685건, 2018년 6,126건으로 전체 사망자의 4% 정도가 안락사를 선택했으며, 안락사를 요청하는 주된 사유로는 암이 가장 많고 그 외에 치매 초기 144명, 정신 질환 67명, 다수의 질병이 있는 환자가 205명이었다. 6,126건의 안락사 사례 중 6건과 관련하여 안락사위원회는 의사가 의무 규정을 따르지 않았다고 판결했으며, 처음으로 이 중 한 명이 기소되었다. 네덜란드의사협회는 안락사에 반대하는 입장을 취하고 있으며, 일부 종교단체들도 안락사는 신의 결정을 침해한다고 주장하며 반대하고 있다. 여전히 안락사 집행을 거부하는 의사들도 많이 있기에 합법적으로 행해진다고는 하지만 안락사 문제는 소리 없는 전진과 후퇴를 반복하고 있다. 삶은 의무가 아니라 선택이라는 사람들과 늙어가고 죽어가는 것은 하나의 축복이라는 사람들 사이에서 보이지 않는 다툼이 여전히 진행되고 있는 것이다.

최근 3년간 스위스에서 한국인 두 명이 조력자살 기관의 도움을 받아 '원정 안락사'를 했다고 한다. 우리나라는 안락사가 법으로 금지돼 있지만 2018년 2월부터 치료 효과 없이 생명만 연장하는 연명 치료를 중단할 수 있게 하는 '존엄사법'은 시행 중이다. 존엄사법은 인위적으로 죽음을 앞당기지 않고 자연사의 범주 내에서 연명 치료를 포기한다는 점에서 안락사와는 다르다.

이 책은 죽음과 안락사라는 대단히 무거운 주제를 던지고 있지만 앉은 자리에서 페이지를 획획 넘겨가며 읽을 수 있다. 가볍게 넘어가는 페이지와는 반대로 행간은 치열하고 격렬하다.

안락사를 마르크처럼 스스로 임종을 준비하면서 삶의 끝자락을 편안하게 맞이하는 삶의 완성으로 볼 것인가, 아니면 "사람은 하나님의 형상으로 지음을 받았"기에 신과 생명의 존엄성에 대한 도전으로 볼 것인가. 이 책이 깊이 고민하고 토론하는 계기가 되었으면 좋겠다.

_ 2020년 1월 유동익

GELUKKIG HEBBEN WE DE FOTO'S NOG by Marcel Langedijk
© 2017 Marcel Langedijk
First published in 2017 by Uitgeverij Q, Amsterdam
Korean Translation Copyright © 2020 by Courrier Book All rights reserved.
The Korean language edition published by arrangement with
Uitgeverij Q through MOMO Agency, Seoul.

이 책의 한국어판 저작권은 모모 에이전시를 통해
Uitgeverij Q 사와의 독점 계약으로 "꾸리에"에 있습니다.
저작권법에 의해 한국 내에서 보호를 받는 저작물이므로
무단전재와 무단복제를 금합니다.

가장 먼저 법적으로 안락사를 허용한 나라
네덜란드에서 전하는 완성된 삶에 관하여

동생이 안락사를 택했습니다

마르셀 랑어데이크
유동익 옮김

초판 1쇄 발행 _ 2020년 2월 12일
3쇄 발행 _ 2025년 7월 10일

펴낸이 강경미 | **펴낸곳** 꾸리에북스 | **디자인** 앨리스
출판등록 2008년 8월 1일 제313-2008-000125호
주소 121-840 서울 마포구 합정동 성지길 36, 3층
전화 02-336-5032 | **팩스** 02-336-5034
전자우편 courrierbook@naver.com

ISBN 9788994682372
이 도서의 국립중앙도서관 출판예정도서목록(CIP)은 서지정보유통지원시스템 홈페이지(http://seoji.nl.go.kr)
와 국가자료종합목록 구축시스템(http://kolis-net.nl.go.kr)에서 이용하실 수 있습니다.
(CIP제어번호 : CIP2020001437)

파본이나 잘못 만들어진 책은 바꾸어 드립니다. 책값은 뒤표지에 있습니다.